麻布という不治の病

めんどくさい超進学校

おおたとしまさ
Ota Toshimasa

小学館新書

はじめに

麻布病【あざぶびょう】重度の中二病による後遺症の一種。
罹患者《りかんしゃ》の多くには以下の点が共通している。
・特長：根拠なき自信
・特技：屁理屈《へりくつ》と帳尻合わせ
・チャームポイント：詰めの甘さ

ようこそ、カオスへ！

［本書取り扱い上の注意］

※本書自体が麻布病の権化《ごんげ》です。あまり真面目に読むと目眩《めまい》や頭痛が生じる怖れがあるのでご注意ください。

※麻布に入れるつもりがあるのならお子さんには読ませないでください。事前には知らないほうがいいことがたくさん書かれています。冗談じゃなく、本気で。

※本書はおおたとしまさが独自取材をして学校に断りなく執筆したものです。よって内容に関してのいっさいの責任は著者であるおおたとしまさにあります。

※読み終わって不要になったら、鍋敷きにでもしてもらえれば本望です（決して古本屋には売らぬこと）。図書館などで借りて読むのは結構ですが、できるだけすみやかに一冊購入しないと災いが起こる（著者に）ので、ご注意ください。

麻布という不治の病

目次

第九章 ● 勝利至上主義を捨てた東大卒プロゲーマー ときど……………

麻布にいると迫害を受けない
オタクの血筋とオタクのエリート教育
「運動会をやりません」という公約
先生も「いままで通りがいい」とか言わない
長期計画を立てるのが苦手
苦労していないコンプレックス
多様性って口で説明することじゃない

対戦格闘ゲームには終わりがない
ゲーム業界で「東大卒」が活かせるはず
麻布に対する信頼感
長い年月ゲーマーは日陰者だった
「お前はこれからどう生きるのだ」
もし東大を出ていたら、あなたは何になりますか？
ときどは、強いけど、つまらない
僕も取り憑かれているんですよ、麻布に

序章

ギャップ萌えの学校

「問題を起こしてからが教育」の心意気

東京都港区にある麻布中学校・高等学校は「自由な学校」の代名詞として知られている。制服もなければ校則もない。不文律として「授業中の出前は禁止。校内での鉄下駄は禁止。麻雀は禁止」の三項目があるだけだ。麻布がいかに自由であるかを表現するネタである。

子どもにしてみれば「制服を着なくていい！」「自由っぽい！」というだけで十分に魅力的であるわけだが、わが子をただの優等生で終わらせたくない欲張りな保護者層にとっては、東大合格者数ランキングトップ一〇常連でありながらこの底抜けに自由な校風という「ギャップ萌え」がたまらない。

自由な校風ゆえ不祥事も少なくないが、「問題を起こしてからが教育」と平秀明《たいらひであき》第一〇代校長は常々言う。そのつど全校集会を開いたり、保護者会を開いたり、時間をかけて問題の本質を明らかにし、共有する。当事者だけを処罰しておしまいということはない。

隠れた麻布名物に長時間におよぶ職員会議がある。このご時世、会議が長いことなど自慢にならないのだが、そこで話されていることの多くは、問題を抱えた生徒への対応だ。

校則がないので、杓子定規《しゃくしじょうぎ》にルールに当てはめるのではなく、個別の問題への対応を毎度一から議論する。教員同士の教育観が火花を散らすことも多い。結論を急がず、十分に議論がなされたとの合意のうえで決を採るのが習わしだ。そうやって麻布の教員としての視点、思考プロセス、判断基準が若い教員にも刷り込まれていく。

また、教員の裁量は極めて大きいが、たとえば数学科では、年度末に教員の合宿研修を行い、そこで各教員が自らの一年間の取り組みを報告することになっている。報告会というような生ぬるいものではないし、ましてや慰安旅行まがいの茶番でもない。まわりの教員から容赦なき正論が叩きつけられ、それが相当に堪《こた》えるのだそうだ。ある教員は「合宿の前日は正直、気が重いくらいです」ともらす。

教員同士も侃々諤々《かんかんがくがく》。そうやって麻布の文化は継承されてきた。

麻布に継承されている文化の一つとして、入試問題も忘れてはならない。どの教科もとにかく読ませて書かせる。

国語は、男子校にしては珍しく物語文からの出題が多く、しかも近年は女性作家の作品からの出題が目立つ。一二歳の男子にとってはかなり高レベルな想像力を要する内容だ。

麻布の理科の問題は数年に一度のペースでネット上の話題になる。問うていることは基本的な理科的原理の応用だが、「ドラえもんは生物といえるか」「コーヒー豆の焙煎《ばいせん》について」などユニークな切り口が評判になる。

つるかめ算など算数のいわゆる特殊算を最初に出題したのは麻布だといわれている。いまでこそ塾によって解法がパターン化されてしまっているが、もともとは方程式などの便利なツールが使えない状態でいかに難題を解くかという知恵を試す意図だったのだろう。

社会科に論述問題を出すようになったのも麻布が先駆けだといわれている。社会科を暗記科目にしないためだ。一つのテーマで長い長い課題文が出て、それに沿って解答させる。毎年その課題文自体が現実社会に対する優れた批判的論考となっている。

入学してからも、とにかく読ませて書かせる。

中三の国語の「卒業共同論文」、高一の社会科の「基礎課程修了論文」など自ら調べて書かせる課題が多い。今風にいえば探究学習である。ついでに「麻布では昔からアクティブラーニングです。だって授業中、生徒たちは勝手に歩いたりしてますから（笑）」とうそぶくのが平校長のお約束だ。

優秀なレポートや論文は、毎年発行される麻布名物の『論集』に掲載される。ここに自分の書いた文章が掲載されることは麻布生にとっての密かな憧《あこが》れであり、誇りになる。

学習指導要領が定める「総合的な学習の時間」を利用して行われるのが高一・高二対象の選択制講座「教養総合」だ。場合によっては卒業生や外部講師を招いて、平常授業では触れられない教科横断型の内容を扱うことで教養を深める。

国際交流も盛んである。カナダ、中国、韓国、ガーナなど、英語圏に限らない国や地域との直接的な交流の機会を設けていることが特徴だ。

「六年間を大学進学のためだけに使ってしまうのはもったいない。希望の進路を実現することは大切ですが、極端な話、最終学歴麻布でいいと思えるようなハイレベルな教育を目指しています」と平校長は言う。

高校になると各学期に一回、「実力考査」通称「ジツリキ」がある。教師が作成する校内模試だ。高三の夏休みには大学入試対策の夏期講習が実施される。約二〇講座が用意され、生徒たちは必要に応じて講座を選ぶ。普段はあえて受験に特化した授業は行わない麻布の教師たちが、このときばかりは受験に特化した授業を行う。

学校として業者による外部模試には参加していない。これはいまどき珍しい。他流試合がしたければ自分で出向いて受ければいいのであって、わざわざ学校がそんな場を用意する必要はないということだろう。学校の中に受験産業が入り込むことの弊害は、二〇二〇年度の大学入試改革をめぐる議論のなかで散々指摘された通り。

自由闊達《じゆうかったつ》・自主・自立が校風であるのに、意外なことに生徒会はない。学園紛争を経て生徒協議会が消滅して以来のことだ。代わりに予算委員会、選挙管理委員会、サークル連合、文化祭実行委員会、運動会実行委員会が生徒自治を担う。約八〇〇万円の予算を、彼らが管理・運用する。

東大合格一〇傑から外れたことのない唯一の学校

戦後、新制の中高一貫教育一期生が卒業した一九五四年から現在までずっと、東大合格者数ランキングトップ一〇から一度も外れたことのない唯一の学校でありながら、一度もナンバーワンになったことがないというのも味わい深い。

しかし真面目な話、それがおいしいと私は思う。ナンバーワンになってしまえば、「麻布だから」ではなく「一番の学校だから」という理由で入ってくる生徒が増える。そうなると麻布の校風を守ることは難しくなる。

では、そうまでして（？）守るべき校風とは何か。

数年前、多数の麻布の保護者と会話を交わす機会があった。そのなかで「麻布ほど自由な学校はほかにはないですよね」という自己陶酔系の幻想に何度か触れた。麻布が自他共に認める自由な学校であることは事実であるとしても、「ほかにない」と言われると、全国の学校を回る私には違和感が強い。少なくとも私の知る限りにおいても、麻布と同様かそれ以上に自由で魅力的な学校はたくさんある。

「だって勉強しろとか言わないじゃないですか」という意見に対しては「開成も灘も桜蔭も、勉強しろなどとは意地でも言いません」とお伝えした。また、「髪の毛を緑に染める学校なんてほかにないじゃないですか」という意見には「それは髪を緑に染めたいと思わないからでしょう」とお答えした。

文化祭実行委員会のメンバーは緑やピンクに髪の毛を染めるのが、ここ二〇年くらいの習わしになっている。見た目に派手なので、近年それが麻布の自由の象徴だと思われている節があるのだが、むしろそれが麻布の制服の役割を果たして生徒たちを縛っている面があるように私には見える。何やらあべこべである。

学校における自由とは何かを定義することは難しいが、仮にそれが生徒自治と表裏一体の概念だと考えるのであれば、たとえば筑駒（筑波大学附属駒場）や開成の生徒自治のほうが数段うまく機能していると、教育ジャーナリストの視点からは言わざるを得ない。筑駒や開成の自治組織には裏方に徹する矜持《きょうじ》がある一方、麻布では自治組織そのものが自分たちの自己表現の場になってしまっている感が否めない。目立ちたがり屋の政治家がろくな政治をしないのに似ている。

子どもたちがめいっぱい背伸びをしながら結局のところ予定調和の落とし穴に陥《おちい》るというのはいつの時代もある話だ。しかしそこに大人までもが同調しているようでは心許《こころもと》ない。

「うちの子も髪の毛を緑に染めてきちゃって。麻布生だからしょうがないですよね」と嬉々として話す保護者を見て、私は正直、ちょっと引いた。もしお子さんが麻布生でなかったとして、ある日突然髪の毛を緑に染めてきたら、その保護者は何と声をかけるのだろう。麻布生であるかないかでリアクションが変わるのだとしたら、親子関係として何かがおかしい。

ましてや子どもが奇抜な頭髪を水戸黄門の印籠《いんろう》のように振りかざして自分の学校名を鼻にかけているようなら、「だからなんだ？　そんなものは世の中に出たら何の役にも立ちやしない」と諭《さと》してやるのが親の役割だろう。

どうやら「麻布」に対するあるいは「麻布の自由」に対する表面的なイメージが一人歩きしている可能性がある。

麻布生が麻布を愛する理由はそこじゃない。

ではどこなのか。九人の卒業生たちの生き方からそれを読み解こうとするのが本書の第一の狙いだ。

しかしめんどくさいことがある。麻布関係者の特徴として、「麻布らしい」と言われることにはまんざらでもないのに、「これが麻布だ」とくくられることを極端に嫌う（という時点でくくられているのだが）。

麻布生として共有しているもやもやぐにゃぐにゃした共通感覚を簡単に言語化・パッケ

ージ化されてたまるかという思いがあるのだろう（これまたどこの学校にも同じような思いはあるのだが）。本書においても下手に「これが麻布魂なのである」なんて結論づけようものなら、四方八方からいろんなものが飛んでくることが目に見えている。

だからこそ、九人の生き方から、読者がそれぞれに「麻布らしさ」をすくい取るように読んでほしいと思う。それが、今回私が選択した「麻布」を伝える手法である。結論を先に述べてしまえば、「麻布らしさ」を感じるポイントはそれぞれ違うだろう。それでいい、それがいい。

ちなみに、恥ずかしながら私も、麻布に学んだ者である。そしてこの九人を選んだのは単に私の独断と偏見による。私が「麻布っぽいな」と常々感じており、ゆっくり話を聞いてみたいと思っていた同窓生のなかから、活動領域および卒業年度のバランスを見てお願いした。ゆえに、このラインナップ自体がすでに私の麻布観を多分に反映していることは最初に断っておく。

ただし、麻布生による麻布生のためのマスターベーション本で終わらせるつもりはない。むしろ母校を思考上の解剖検体にして、その良い部分も恥部もさらけ出し、「いい学校とは何か？」「いい教育とは何か？」「子どもたちに対して大人たちは何ができるのか？」という普遍的な問いに迫るための材料として提供したい。それが本書の第二の狙いだ。

さらに、この九人の生き方は麻布出身であることを抜きにしても興味深い。現代の偉人（変人？）の「ミニ伝記集」としても、本書にはたいへんなお得感があるはずだ。インタビューは卒業年順で、読み進めるうちに理解が深まるように意図しているので、ぜひ第一章から付録も含めて順番に読んでみてほしい。

と言ったところで、どうせ各々《おのおの》好きなページをめくり始めるのがきっと「麻布」なのだけれど……。

第一章

総理大臣目前で総裁選に出なかった政治家

谷垣禎一（たにがき・さだかず）

政治家。一九四五年三月七日東京都生まれ。一九六三年麻布高校卒業、一九七二年東京大学法学部卒業。一九八二年弁護士登録。一九八三年衆議院議員初当選。財務大臣や法務大臣を歴任。二〇〇九年から二〇一二年まで自民党総裁。二〇一六年事故で負傷。二〇一七年政界引退。

教養はテントの中で身につけた

「冬山を登ると、吹雪で足止めを食らうことも多い。でも日中は寝ちゃいけないんです。日中に寝ちゃうと夜中に目が覚めて、小便をしたくなる。テントの外に出ると一瞬で全身雪だらけになるから、左右にくっついて寝ている仲間に大迷惑をかけてしまう。だから本を何冊か持って行って、日中のテントの中で読むんです。ニーチェの『ツァラトゥストラはかく語りき』をドイツ語で暗誦《あんしょう》したり、そんなことをしていました。大学のドイツ語はろくに出ず、単位も落としていたくせに（笑）」

ダイニングルームの壁には、雲一つない真っ青な空を背景に重装備で岩山に立つ人物の大きな写真が掲げられている。

「私がこの怪我をしてから、今西組という建設会社に、ここをバリアフリーに改築してもらいました。今西さんが記念に置物か何かを差し上げたいとおっしゃるので、置物なんていらないから、お父様の写真を一枚くださいとお願いしたのがこれです。あなたのお父様は私の少年時代のヒーローですからって」

一九五六年に世界で初めてヒマラヤ・マナスル（八一六三メートル）に登頂した今西壽雄《いまにしとしお》さんのことである。

世界に一四座ある八〇〇〇メートル峰は、すべてアジアのヒマラヤ山脈およびカラコルム山脈にある。しかしマナスル以外一三の頂《いただき》にはすべて欧米の登山家が最初に旗を立てている。

「一九五〇年にフランス隊がアンナプルナに登り、人類として初めて地上八〇〇〇メートル以上に立ちます。イギリス隊がエベレストに登ったのが一九五三年ですよね。登山というのは当時、国力を挙げての競争という意味合いがありました。幼いころにエベレストなんかを見て、こういうところにフロンティアがあるんだと思った。我々の時代の共通認識ですよ」

谷垣禎一さんは一九四五年三月七日に東京で生まれた。五月の空襲で焼けてしまったという小さな借家は、会津の松平家と徳川家という、いわば明治維新で辛酸《しんさん》をなめた両家のお屋敷に挟まれていた。

両親は当時の満州で出会った。父は農林省の役人で、満州国に出向していた。母は満ソ国境砲兵旅団司令官の娘だった。

「満州といえば水餃子が有名です。母がその味を覚えていたのでしょう。小さいころは餃子を包む手伝いをよくさせられました。いまでもうまい水餃子があると聞くとつい食べに行きたくなりますよ」

物心がつくころには、父の転勤で長野にいた。小学生になるころには現在の世田谷区三軒茶屋付近に引っ越した。戦後のデラシネ的感情が生々しい地域だった。

「いまの昭和女子大がある辺りは、もともと野砲連隊の兵舎が置かれていたところで、馬小屋なんかもたくさんあって、要するに戦後、満州や朝鮮半島から引き揚げてきたひとたちが、そういうところに住まわされたんだと思います。それで貧しくて、一九四六年のいわゆる『米よこせデモ』は、世田谷のあの辺りから始まったともいわれているようです」

近所の子どもが「チントゥーグン（進駐軍）が来た！」と叫ぶとみんなでジープを追いかけて「ギブ・ミー・チョコレート！」と叫んだ。しかし父には「そんな情けないことをするな。捨ててこい！」と叱られた。

極東国際軍事裁判のことも印象に残っており、当時小学校の作文に「将来は弁護士になる」と書いていた。

一九五一年にはサンフランシスコ平和条約が締結された。翌日の新聞の一面には日の丸が翩翻《へんぽん》と翻《ひるがえ》る。それを見た父親が「これで日本も独立したんだ」と感慨深く言ったのをよく覚えている。そういう時代だった。

アメフト部の平沼、剣道部の橋龍

一九五四年の秋、小学校の担任が悲嘆に暮れていたのを谷垣さんは覚えている。麻布生二二名が犠牲になった相模湖遭難事件の被害者に、自分の教え子も含まれていたからだ。

それだけ麻布への進学者が多い地域だった。父の部下にも麻布出身者がいて、「君は麻布に行け」とかなんとか言われたこともある。近所には東京教育大学附属駒場（現在の筑波大学附属駒場）があったが、まだできたばかりだった。

「学校に入ると、好きな部活を選んで頑張れと言われるわけですが、アメフト部だけは入るなと先生が言うんです。あそこは不良の巣窟《そうくつ》だからと。どうやら私が入学する前の年にアメフト部の高二の先輩が、近所の有栖川宮記念公園《ありすがわのみやきねん》（以下、有栖川公園）で暴力沙汰を起こしたということなんです」

政界に入って、その事件当事者が麻布の五つ上の先輩にあたる平沼赳夫《ひらぬまたけお》さん（元経済産業大臣）だったことが判明する。

「平沼さんもよく言ってましたが、小学校まではそこそこできたつもりでも、麻布に入るともっとできるやつがたくさんいる。自分の才覚で何とでもなると思ったら大間違いだとその時点で気づくわけです。あとで私も閣僚なんてやるわけですが、財務省なんかに行って頭の切れるところを見せようと思ったって逆にバカにされるだけだというのがわかってる。麻布のおかげです」

中一で剣道部に入る。夏休みには慶應義塾大学に通う卒業生が稽古《けいこ》に来てくれた。それが第八二〜八三代総理大臣・橋本龍太郎《はしもとりゅうたろう》さんだ。

「彼は比較的甘い顔だし、胴着なんかを着けると割とカッコ良かったんですよ」

しかし体力が続かず、中二で剣道部を退部する。その代わりに入ったのが山岳部だった。直接の指導は受けなかったが、山岳部の先輩としても橋本龍太郎さんの名前はよく聞いた。父親の橋本龍伍《はしもとりょうご》さん（元厚生大臣）も当時著名な政治家であったため、目立っていたのだろう。

体育・音楽・美術九九点のからくり

麻布の同級生に、のちに麻布第九代校長になる氷上信廣《ひかみのぶひろ》さんがいた。サンフランシスコ平和条約の調印式に単身乗り込み署名した吉田茂《よしだしげる》首相を「曲学阿世《きょくがくあせい》の徒」と批判した、当時の東大総長・南原繁《なんばらしげる》の孫でもある。

「氷上くんはね、いかにもまじめという印象があるんですけどね。人生をいろいろ悩みながら歩んでいるっていう感じがあふれてたんですよ」

一方、谷垣さんは決して優等生ではなかったらしい。

「山にも登っていたし、勉強よりも本を読んでいたりしていろいろなことに手を出していたものですから、高一のころの成績なんてめちゃめちゃ。数学が一五点、英語が二〇点くらい。だけど、体育と音楽と美術がどれも九九点だった。どう考えてもおかしい。当時全教科の平均点が六〇点以上ないと進級できないという規則があったので、担任の大賀《おおが》毅《つよし》先生（のちの第七代校長）が、私を進級させるために実技教科の先生に頭を下げてくれたということですよ」

谷垣さんが高一だった一九六〇年には、農林省の官僚だった父・専一《せんいち》さんが旧京都二区から衆議院選に出馬し初当選を果たしている。あるいはそんな生活の変化のなかで勉学に集中できない日々が続いていたのかもしれない。それを察して、大賀先生も黙って一肌脱いだのではないか。

南極越冬隊の隊員が麻布で講演してくれたこともあった。麻布出身の遺伝学者でのちに麻布学園の理事長にもなる木原《きはら》均《ひとし》さんの「カラコルム」という映画を見たこともあった。

フロンティアへの憧れは広がっていった。

「しかし、山どころじゃないだろうと大賀さんに言われ、グウの音《ね》も出なかった。それで山登りを続けられなくなっちゃった」

奮起《ふんき》して勉強を始めた。一浪して東大文Ⅰ（法学部系）に合格する。

「六歳違いの弟も麻布ですが、いままで東大に入ったなかでいちばん頭が悪かったのはお前の兄貴だと先生から言われたそうですよ（笑）」

それでも麻布の授業で印象に残っているのが国語だ。

「麻布の先生が独自に編纂《へんさん》した『日本文学入門』という教材がありました。日本の主要な短歌とか俳句とかそういうものが一通り学べるようになっているんです。つまり、日本の国語の歴史を背景に、系統的な日本語の理解をさせてくれていたように感じます。それに漢文には力を入れていた記憶があります。中三だか高一で頼山陽《らいさんよう》の『日本外史』を習いました」

中国文化の近くにありながら日本人が歴史や価値を判断する独自の言語体系を学問として発展させていったその過程と意義を体系的に学べるように考えてくれていたんじゃない

かと、谷垣さんは推測する。

「山岳部の顧問のN先生は、古文の先生でした。私が全然わかっていないのを見かねて、もう一回『徒然草《つれづれぐさ》』を読んでみろとか心配されて。先生に薦められた『国文法入門』は、いまでもときどき見返します」

谷垣さんは漢詩や中国の古典に詳しいことで有名だが、その素養はどうやら麻布で身につけたものらしい。

三〇代半ばで司法試験合格

東大でも山岳部に所属した。

「高校で中途半端な形で登山をあきらめたものですから、ここで挽回してやろうと思って、のめり込みすぎてしまった（笑）」

谷垣さんが一年生のとき、東大山岳部のチーフリーダーは日比谷高校の山岳部からやって来た鹿野勝彦《かのかつひこ》さんだった。彼はのちに文化人類学者として『シェルパ ヒマラヤ高地民族の二〇世紀』（茗溪堂）などを著すヒマラヤのプロになる。

「というわけでかなり本気で登山をする部活だったために、当初三〇人ほど部員がいましたが、四年間勤め上げたのは六人だけ。しかも留年しないで済んだのは一人だけでした。そんなに高い山でなくてもいいからどこかに『初登頂』できないかななんて、野望をいつまでも抱いていました」

教室で学ぶ代わりにテントの中で教養を深める日々に終止符を打ち、司法試験のための勉強を始めたのが大学生活六年目のころ。大学に在籍できる限度の八年目まで粘ったが合格できず、大学を追い出される。司法試験浪人である。さらに不合格を重ねること、五～六回。ようやく合格できたときには三〇代も半ばになっていた。

「何度も何度も落ちて、それは暗澹《あんたん》たる日々でしたよ。あとから思えば、大学でちゃんと講義を聞いて、その学問を体系的に学んでいれば、もうちょっと早く受かっただろうと思います。もうちょっと、やるべきときにやるべきことをやっとけよという……。結局自分の七五年を振り返ってみると、そういうことの連続だったような気もしますけれど（笑）」

その後二年間の司法研修所生活では、同期に現公明党代表の山口那津男《やまぐちなつお》さんや元法務大臣の千葉景子《ちばけいこ》さんなどがいた。

一九八二年に弁護士登録を済ませ弁護士事務所に所属するも、一九八三年、父・専一さんが癌《がん》で永眠する。

父親の死があまりに急だったため、自民党陣営は代わりの候補を立てる余裕がなかった。「谷垣」の名前があって、(相当な回り道はしているが最終的には)「東大出の弁護士」というのも聞こえがいいということで、谷垣さんに出馬の白羽の矢が立った。

「私の父は京都の丹波の造り酒屋の八人きょうだいの七番目でした。なんとか学校に行かせてもらえたような家の出です。『それが親子二代、天下国家を議論するなんていうのは大それたこと。お前はそんな無理をすることはない』っていうのが父の教えでした。私もその通りだと思っていたのですが、後援会の方々が連日のように家にやって来て、『出る』と言うまで許してもらえない雰囲気でした」

橋本龍太郎の橋本龍太郎たるゆえん

同時期にもう一人欠員が出て、京都二区を舞台に二枠をめぐる補欠選挙が行われた。共産党が強い京都において一議席も失いたくない自民党は、票が割れるリスクをとって、二人の候補者を立てることにした。もう一人が、国政こそ初挑戦だが当時すでに京都副知事としての実績があった野中広務《のなかひろむ》さん（元自民党幹事長）だ。

野中陣営の応援に駆けつけたのは、自民党の若大将・橋本龍太郎さん。彼の人気は絶大で、いくら父親の地盤を引き継いだ谷垣さんでも票を食われ、議席に届かない可能性があった。谷垣陣営に緊張が走る。しかし橋本さんは何もしないで戻ってしまった。

あとで聞けばこのとき、麻布山岳部の先輩が橋本さんに電話を入れたのだという。「お前の判断に口を出すつもりはない。ただ橋本、あの谷垣というのは麻布の山岳部の後輩であるってことは頭に入れておいてくれ」と。そのおかげかどうかはわからないが、谷垣さんは無事、初出馬にして初当選を果たす。

「でも、橋本さんはあの通り、カッコつけだから、私に言わないの。あとで御礼を言ったら、『まあ、そういうこともあったかなぁ』なんてすっとぼける。そのカッコつけが橋本龍太郎の橋本龍太郎たるゆえんなのですが（笑）」

谷垣さんが駆け出しのころ、自民党の部会ではこんなこともあった。

「党の方針に異議を唱えたことがあります。若手にとっては結構勇気が要ることです。私なりに自分の考えを一生懸命伝えました。そうしたら橋本さんがこう言うんですよ。『いまの君のような議論は、実はいまの制度をつくるときも当然出た。しかし、この問題はこうこうこうで、こうこうこうで、いまの君の意見を実行すると、かくいう問題も生じる。で、そのときの部会長はそういう議論もあることも十分承知して、非常に苦労してこういう制度にまとめた。そのときの社会労働部会長は谷垣専一というひとであった』と。私、ずっこけそうでしたよ。そういう言い回しをするんですよね、あのひとは（笑）」

一九九七年の橋本龍太郎内閣で、谷垣さんは科学技術庁長官として初入閣を果たす。

「いまでいうところのＩＴとかＡＩとかをやっていかなければならんだろうと。自分はその分野で勝負していきたいと思って、当時幹事長だった加藤紘一《かとうこういち》さんに科学技術庁長官をやらせてほしいとお願いしたんです」

しかしそうは問屋が卸さない。直後にアジア通貨危機が起こり、ときに大蔵政務次官として、ときに金融再生委員長として、ときに産業再生機構担当大臣として、そして財務大臣として、不良債権処理に伴う都市銀行統合などの対応に当たることになる。父親の時代からの親分である宮澤喜一《みやざわきいち》さん（第七八代総理大臣）の采配だった。

「自分がやりたいと思っていることとか、自分が勉強したことに、うまく道筋が乗るかどうかなんてわからないですよね。結果的にそうなっちゃったというようなもの。考えてみれば子どものころからぼやっとしていて、なりゆき任せだった。だから、政治家としてやってきたことも、『えっ、それを俺がやるの？』という連続だった気がします」

野党としての自民党総裁

二〇〇〇年の森喜朗《もりよしろう》内閣に対する自民党内分裂いわゆる「加藤の乱」では、「あんたは大将なんだから」のひと言で注目を浴びた。

二〇〇七年の福田康夫《ふくだやすお》内閣では自民党政務調査会長を務め、その改造内閣では国土交通大臣になった。福田さんも麻布出身である。

二〇〇九年に民主党政権が誕生。谷垣さんが野党自民党の総裁に就任した。しかし、与謝野馨《よさのかおる》さん、園田博之《そのだひろゆき》さん、鳩山邦夫《はとやまくにお》さん、舛添要一《ますぞえよういち》さんら大物が続々離党した。

「政界の麻布の先輩で、いちばんよくいっしょに働いて、教えてもらったのが七つ上の与謝野馨さんでした」

宮澤政権下の一九九三年三月六日、金丸信《かねまるしん》自民党元副総裁が脱税で逮捕された事件のときには、与謝野議院運営委員長、谷垣議院運営委員会筆頭理事のコンビを組んでいた。

「たしか土曜日でした。ようやく予算を通して帰宅したら、金丸さん逮捕の一報がありました。週明けに国会へ行くと、与謝野さんから『すぐ委員長室においでいただきたい』と。そして『谷垣さん、この局面は総裁派閥として一体どうなる、どういうふうにするつもりなんだ』と聞かれたのをいまでもよく覚えています」

それが与謝野さんとのコンビの一回目。二回目は谷垣さんが小泉《こいずみ》純一郎《じゅんいちろう》内閣の財務大臣のころ。

「財政規律を保たなきゃいけないということで与謝野さんと一致して、上げ潮路線のひとたちといろんな駆け引きをやりました。本当に頭のいいひとで、ことごとく予言が的中する。とにかく政策をつくって実現していくのが好きな実務型」

ところが野党になると、からっきし意気地がなくなるのだという。

「(非自民連立政権の)細川政権や羽田《はた》政権のときは毎日ため息ばかりついて『谷垣くん、なんかしんどいな……』って。そのあと政権をとると頑張ってくれるんですけど、二〇〇九年に民主党政権になるとまたため息をつくようになって……。そうこうするうちに自民党を出ていくという噂を聞いたので、自民党総裁室からご自宅に電話しました。与謝野さんまで出て行ってしまったら誰が自分を助けてくれるのかと不安になって。『谷垣です』と言ったとき、奥様がハッと息を呑むのがわかりました。与謝野さんが代わると『いますぐ行くから』と。総裁室に来るやいなや離党届を出すんですよ。私はがっかりしましたね。だけど、そのあと消費税増税の三党合意ができたのは、向こう側に与謝野さんがいたからです」

「天下国家を議論するなんていうのは大それたこと。お前はそんな無理をすることはない」という父の遺志とは裏腹に、谷垣さんは、天下国家の中枢に立つ人物になっていた。

二〇一一年にはおしどり夫婦として知られた妻の佳子《けいこ》さんを癌で亡くしている。野党として混乱の最中にあった自民党の舵取りをしながらの看病はどれほど心細かったことか。

耐えに耐えてようやく与党返り咲きのチャンスがめぐってきた二〇一二年の総裁選には出なかった。党内の意思統一がなされず、責任をとって自らの出馬を断念したのだ。それで誕生したのがその後七年八カ月続く安倍晋三《あべしんぞう》内閣。自民党の歴史のなかで総裁任期中に一度も内閣総理大臣にならなかったのは、谷垣さんと河野洋平《こうのようへい》さんだけである。

二〇一六年趣味のサイクリング中に転倒し、頸髄《けいずい》損傷。精力的にリハビリをこなし、順調に回復する様子を見た周囲からは政治活動への早期復帰を期待する声が高まったが、二〇一七年引退を表明した。

今回のインタビューには三時間ノンストップで潑剌《はつらつ》と応じてくれた。血色も良く、元気そうでとにかく安心した。谷垣さんの見送りを受けたあと、私の心の中では、政界復帰を望む気持ちと、ゆっくり自分の時間をすごしてほしい気持ちの両方が入り交じっていた。

付録一

青年の友「江原さん」

異例の出世そしてすべてが水の泡

作家の司馬遼太郎《しばりょうたろう》さんは、麻布の創立者・江原素六《えばらそろく》のことを「明治の教育者としては福沢諭吉《ふくざわゆきち》ほどでなくても、新島襄《にいじまじょう》よりは魅力のある人柄《ひとがら》だったように思える」と語っている。「ところが江原のことを調べているうちにこの人物にかかずらわった。彼が実におもしろそうな人物のように思えたのである。原稿を書く手をとめて、江原を調べることに熱中した」「明治期の日本だけが持つことができた巨大な人格のようにおもえてきた」とも。

いずれも『歴史と視点』（司馬遼太郎著、新潮文庫）に収録されている「黒鍬者《くろくわもの》」という短文による。そこに描かれた江原素六の輪郭《りんかく》を補助線として利用しながら、その人物像を極めてラフに描いてみる。

一八四二年（天保一三年）一月二九日、江戸の角筈《つのはず》五十人町（現在の新宿三丁目付近）に生まれた。幼名は鋳三郎《いさぶろう》。父・江原源吾《えばらげんご》は徳川家臣のなかでも「黒鍬者」と呼ばれる最下層の身分だった。足軽よりも下。軍に付随して道普請《ぶしん》などを行う土木用人員である。赤貧の生活ゆえ寺子屋にも通わせてもらえなかったどころか、学問に理解のない源吾は鋳三郎が書物を読んでいるだけでも怒ったというからなかなかに壮絶な幼少期である。
「江戸末期から明治中期までの日本人というのは、いまの精神風俗からみて信じがたいほどに親切であった。とくに有望な若者が嚢中《のうちゅう》の錐《きり》のようにして出てくると、それを宝石のように大切にする気風があり、（中略）素六の場合もそうであった」（『歴史と視点』より）
いまでいう「キラリと光る何かをもつ子」だったのだろう。親以外の大人が代わる代わる鋳三郎の才能に気づき、父親の無理解を押し切ってでも寺子屋に通わせ、書物を与えた。鋳三郎自身学ぶに貪欲《どんよく》で、漢学から剣術、蘭学、洋算に至るまでさまざまな師についた。たとえば剣術の師は桂小五郎《かつらこごろう》（のちの木戸孝允《きどたかよし》）や高杉晋作《たかすぎしんさく》そして伊藤博文《いとうひろぶみ》を輩出した練兵館《れんぺいかん》の斎藤弥九郎《さいとうやくろう》、洋算の師は攻玉社《こうぎょくしゃ》（現在の攻玉社中学校・高等学校）の開祖・近藤真琴《こんどうまこと》である。ついには昌平黌《しょうへいこう》（昌平坂学問所）で優秀な成績を修め、新設された幕府の講武所で洋式練兵および西洋砲術を学ぶ。
尊皇攘夷論《そんのうじょういろん》が吹き荒れるなか、一八六〇年（万延元年）には米国公使タウンゼント・ハリスの警護に就いたこともある。司馬さんは、「菜葉隊《なっぱたい》」と呼ばれる警護隊の一員だった江原を『燃えよ剣』（新潮文庫）の物語上で土方歳三《ひじかたとしぞう》と絡ませようとしたが、どうしても史実とのつじつまが合わず、断念したと述べている。一八六五年（慶応元年）の第二次長州征伐先発隊では「撒兵隊《さっぺいたい》」の隊長に任ぜられた。黒鍬者から異例の出世である。

しかし一八六七年（慶応三年）の大政奉還《たいせいほうかん》で天下がひっくり返る。

一八六八年（慶応四年）鳥羽・伏見の戦いに参ずるも敗走。その後のいわゆる戊辰《ぼしん》戦争のなかで、早くから恭順《きょうじゅん》を説いた鋳三郎であったが周囲に押し切られ、切腹を覚悟する。それを近藤真琴が止める。そして市川・船橋戦争（両総戦争）に巻き込まれる。このとき鋳三郎は九死に一生を得る。敵に組み伏せられ、白刃の下で絶体絶命となったところを部下の古川《ふるかわ》宣誉《のぶよし》に助けられた。さらに脚に銃弾三発を受け、しばらく近くの農家に潜伏するのである。

かくして鋳三郎は朝敵として追われる身になった。見つかれば命はない。

江戸城は無血開城したものの混乱は続いた。鋳三郎は秘かに江戸に戻り小野《おの》三介《さんすけ》と改名し、さらに徳川家駿府移封にともない伊豆・韮山《にらやま》を目指した。その間榎本武揚《えのもとたけあき》から箱館《はこだて》戦争への協力を要請されるが固辞。手前の沼津で土地の実力者らに匿《かくま》われ、水野《みずの》泡三郎《あわさぶろう》というダジャレのような偽名で息を潜める。

一八六八年（明治元年）閏《うるう》一〇月、明治の幕開けとともに朝敵の汚名を解かれ、再び表舞台に復帰する。このとき名を江原素六と改める。水野泡三郎というダジャレに味をしめ、「振り出しに戻る」意味での「すごろく」をもじったのではないかと私は思うのだが。

静岡藩と呼ばれるようになった徳川家で素六がまず手がけたのが、沼津兵学校の開設だった。一八六九年（明治二年）正月に開校した。名目上は藩の陸軍士官学校であるが、実際には校長にオランダ帰りの哲学者・西周《にしあまね》を招くなど、西洋の高度な学問を教える機関だった。附属小学校もあり、日本における近代的な学校の草分け的存在といえる。

一八七一年（明治四年）新政府は諸藩から数十人の次世代リーダーを選抜し海外視察に向かわせた。そこに素六も名を連ねた。岩倉使節団より半年ほど前の話である。アメリカとヨーロッパを巡る予定だったが、素六はニューヨークを巡り終えたところで離脱して帰国する。渡米中に廃藩置県があり、帰国時には沼津兵学校が消滅していた。

「かれが官に仕えるつもりならこのときが機会だったであろう。しかし多くの旧幕の俊秀たちが官に仕えることを好まなかったように、かれも好まなかった。その後、静岡で士族

救済のために回漕業《かいそう》や靴《くつ》製造、牧畜、開墾、植林などの事業をし、ほとんどが失敗した」（『歴史と視点』より）

まさしく「武士の商法」である。

キリスト教と自由民権運動との出会い

その心労がたたったのだろう。一八八一年（明治一四年）、数え四〇歳のとき、持病の結核を悪化させ大量に吐血して生死の境を彷徨《さまよ》う。奇跡的に回復後、カナダ・メソジスト教会の宣教師によって受洗、以後熱心に宣教活動に従事する。

「素六は、明治期に忠誠心のやり場をうしなった非薩長系の武士たちが、人数こそすくなかったとはいえきわめて良質のクリスチャンになったように、かれも受洗し、多少信仰上の経緯があったとはいえ、内村鑑三《うちむらかんぞう》に似たふうの、その先駆的な型の信者になった。内村と似たふうといっても、内村のような毒気や多少の山気がなく、その武士的基督者《キリストしゃ》という点で似ているという意味である」（『歴史と視点』より）

一八八二年（明治一五年）には自由党総理・板垣退助《いたがきたいすけ》と出会い、意気投合。自由民権運動に加わるようになり、一八九〇年（明治二三年）日本初の衆議院選挙に自由党から出馬。見事当選して国政の舞台に立つ。一八九八年（明治三一年）に自由党と大隈重信《おおくましげのぶ》の進歩党が合同して憲政党を結成し、日本初の政党内閣である隈板《わいはん》内閣が成立すると、外務大臣や文部大臣に推されたが固辞。憲政党分裂後は立憲政友会（以下、政友会）メンバーとして、藩閥勢力に対抗する政党勢力の長老的立場にあり続けた。

物語は同時並行している。東京では一八八四年（明治一七年）にカナダ・メソジスト教会が麻布鳥居坂に東洋英和学校および東洋英和女学校を開設していた。しかしすぐに経営難に陥り、再建を素六の手腕に頼った。一八八九年（明治二二年）には東洋英和学校幹事を、一八九三年（明治二六年）には同校長を引き受けた。

経営難の理由は単純だった。外国人宣教師によるミッションスクールでは上級学校（いまでいう大学レベルの学校）への進級資格が得られなかったため、生徒が集まりにくかったのだ。そこで素六は一八九五年（明治二八年）一月、東洋英和学校敷地内に別組織として尋常中学東洋英和を設け、さらに同年七月に校名を麻布尋常中学校とした。

つまり江原素六はもともと自分の意思で一から学校を創設したわけではない。しかし期せずして得た孵化器《インキュベーター》に素六が注入した性格は明確だった。「官」に対するアンチテーゼであり、西洋に負けない民主主義社会の実現である。幹事・村松一《むらまつはじめ》、教頭・清水由松《しみずよしまつ》という反骨の人物を自分の両腕として招いたことからもわかる。それが学校の個性となり、「江原素六の学校」と呼ばれるようになったのである。

一八九九年（明治三二年）に文部省訓令第一二号が出されると、学校での宗教教育ができなくなった。断腸の思いでカナダ・メソジスト教会との組織上の関係を断ち、現在の校地に移転する。費用は寄付でまかなわれた。素六の人望のなせる業《わざ》である。なお土地購入費を少しでも安くするために、道路に面した土地は所有しなかった。現在の麻布の校門が鰻《うなぎ》の寝床のようであるのはこのためだ。

なお、教会との組織上の関係は断っても、素六はキリスト教の熱心な信者であり続けたし、毎朝八時一五分から任意参加で開かれるバイブル講話も欠かさなかった。表向きは官に従いつつ、腹の内ではいなしていたのだ。

家族が住む家は沼津にありながら、素六は麻布の寄宿舎で生徒たちとともに暮らした。国会会期中であっても必ず学校に来て、修身講話などを行ってから人力車で外出し、夕方に戻ってきて生徒たちといっしょに麻布十番の銭湯に行ったり外国人宣教師のバイブルクラスに参加したりしていた。生徒たちは素六のことを「江原さん」と呼んだ。

一九二二年（大正一一年）五月一六日、麻布中学校三〜四年生の箱根遠足に同行した。齢《よわい》八〇にして健脚。生徒たちと四時間あまりの山道を歩く。一七日、一足先に帰京。一八日、府立一中（現在の都立日比谷高校）で行われた全国中学校校長会議で議長を務め、鉄道協会表彰式で演説を行い、軍人講演会の会議中に頭痛を訴えて倒れた。脳溢血《のういっけつ》だった。五月一九日永眠。

没時の肩書きは、麻布中学校長、貴族院議員、日本メソジスト教会総会特別委員、中等教育会評議会、私立中等学校連合委員長などわかっているだけでも三〇近くにおよぶ。しかしいちばんのアイデンティティは、青年たちの友としての「江原さん」に違いない。

江原素六　提供：沼津市明治史料館

麻布は不良少年の更生施設だった!?

要するに麻布とは、明治維新の負け組が、なりゆき的にキリスト教の学校を譲り受けたものである。しかし江原さんはそれを最大限に活用した。

政治家として自由民権運動に直接的に関わるなかで江原さんは、国の中枢を担うエリートの良くも悪くも強烈な個性を間近に観察していた。その圧倒的にリアルな肌感覚に基づき、「官」に対するアンチテーゼとしてそして民主主義の担い手の育つ場として、麻布を磨き上げた。

ではどうしたらアクの強いエリートたちとも対等に渡り合える若者を育てることができるのか。その答えはシンプルだった。一九〇三年（明治三六年）の著書『青年と国家』（金港堂）に記述がある。

西郷隆盛《さいごうたかもり》、大久保利通《おおくぼとしみち》、木戸孝允らを例に挙げ、彼らのように新しい社会を構築する人物を旧体制の中で意図的に育てることなど原理的にできないのだから、青年が自らたくましくのびのびと成長するのを最大限後押しするしかないじゃないかというのである。要するに古い人間は黙って青年を信頼しろというわけだ。

似た意味で江原さんが好んだ言葉に「青年《せいねん》即《すなわち》未来《みらい》」がある。一八九九年（明治三二年）に発刊された『麻布中学校校友会雑誌』第一号に見られる。

何となれば青年即未来なる確言は、吾人を欺くものにあらざればなり。現青年によりて直ちに後来の国家を知り得るとせば、該雑誌たるや、エッキス光線の写術に優りて、さらに興味の津々たるを覚ゆるものなり。

自分は未来を生きることはできない。でも青年たちの思いが詰まったこの雑誌を見れば、そこに未来が見えるではないかというのである。「君たちが、自分で考えて、自分の手で未来をつくるんだ」という鼓舞のメッセージでもある。実際彼は、子どもたちを枠にはめたり、子どもたちに大人の価値観を押しつけたりしなかった。

一八九七年（明治三〇年）の日記には「私立中学は公立学校の感化院のようなものである」という嘆きがある。感化院とは不良少年の更生施設のことである。当時麻布にいた問題児のほとんどが、地方公立中学を追放されて麻布にやって来た生徒だった。

江原さんと親しかった留岡幸助《とめおかこうすけ》さんが巣鴨に「家庭学校（現在の東京家庭学校）」を設立すると、江原さんは一九〇六年（明治三九年）その理事を引き受けている。家庭学校は、子どもたちを家庭的な温かさのなかで更生させようとする感化院だった。現在の麻布にも受け継がれる子どもへの接し方は、ひょっとしてこの家庭学校からヒントを得たのではないかと私は想像を膨らませる。

江原さんは、学ぶことに向き合えない状態にある少年たちと交流した経験から、四六時中小言を言うよりも、彼らのありのままを認めるほうが自立を促す近道になることを知ったのではないか。私自身、取材経験のなかで、そういう事例をいくつも知っている。

一九〇九年（明治四二年）卒の作家・広津和郎《ひろつかずお》さんは、随筆集『年月のあしおと』（講談社文芸文庫）で在学中の江原さんと幹事の村松さんのおおらかさを次のように表現している。


この二人の先生の眼には、中学生、即ち十二、三歳から十七、八歳にかけての少年のあらゆる動きが、すべて計算の中に入っていて、どんなことでも大目に見ていたのであると思う。少年たちの見せる生意気さも、オッチョコチョイ振りも、わけの解らない反逆心も、それからこの年頃の心に生じて来る春の目覚めも。

その代わり、うまく役割分担ができていたのだろう。江原さんのもう一方の片腕だった教頭の清水さんの名は別のところに出てくる。

ある朝、寄宿舎の舎監でもあった清水さんが、品川の遊郭《ゆうかく》で遊んで朝帰りした五年生三人を捕まえた。激怒した清水さんはその勢いで職員室にやってくると、彼らを放校処分にすると息巻いた。しかし江原さん、しばらくの無反応ののち破顔一笑するや「朝帰りをつかまっては、それはさぞかし弱ったろうな」と言ってお咎《とが》めなしとしてしまった。

また、教員たちがある問題児を転校させようと相談していると、江原さんがやって来て「この学校で持て余すような生徒を、よその学校に転校させたら、よその学校が困るだろう。ここは学校なのだから、そういう生徒こそここに置いて、教育したらどうだ」と諭したという。

広津さんの述懐《じゅっかい》は続く。

寄宿舎の二階から庭にゴミを投げ捨てる生徒が多かった。ある朝一人の生徒が庭のゴミを黙って拾う江原さんの姿を見た。生徒たちは二度とゴミを投げ捨てなくなった。同じく寄宿舎にて。枕元のランプを消し忘れた生徒の部屋に江原さんがこっそり忍び込み、そっとランプを消して出ていくところを見たと用務員が言う。真偽を確かめるためわざとランプをつけたまま寝たふりをしていると、本当に枕元に江原さんが現れて、黙ってランプを消して出て行った。恐縮したその生徒は以後自ら各部屋のランプの消灯を見て回るようになったという。

いちいち小言を言う代わりにひととしてあるべき姿を示し、尊敬の念を呼び起こすことによって子どもたちを感化していったわけである。

一九一二年（明治四五年）には卒業間際の五年生数人が三年生をリンチする事件が起きた。当時麻布生たちの共通のアイドル的存在だった女学生の心をその三年生が射止めてしまい、上級生が激怒したというなんとも情けない話である。

リンチを加えた五年生数人は無期停学処分となったが、それを不服に思った五年生の同級生たち約一二〇人が一斉にテストをボイコットして立てこもった。江原さんが直接対応に当たると、事態は直ちに収束する。

五年生の回想によれば、このとき江原さんは実行犯の処分を軽減し、予定通りに卒業させ、代わりに三年生を退学にしたという。これは不可解だ。あるいは表向き三年生を退学にしたように見せかけて五年生を卒業させておき、しばらくの潜伏期間ののちその三年生を復学させたのではないかと憶測するのは私の江原さんに対する贔屓目《ひいきめ》だろうか。

「自由」を使わずに自由を伝える

現在では「自由」こそ麻布の錦の御旗《みはた》のように思われているが、意外にも江原さん自身が「自由」に言及したことは少ない。むしろ自由という言葉を使わずに真の自由を伝えようとしていた趣《おもむき》がある。

江原さんが好んだ言葉に「克己制欲《こっきせいよく》」がある。己に勝って欲を抑える意味であるが、これは単なる我慢を意味するのだろうか。そうは思わない。カント風にいえば、欲望に支配された状態こそ不自由の典型だということになる。つまり自らの欲望にすら支配されない自由を、江原さんは身をもって示していたのではないだろうか。

内閣総理大臣から晩餐《ばんさん》に誘われ、商業会議所からも晩餐に誘われ、青年会からも会合に誘われ、三つの誘いが重なってしまったときに、青年会への出席を選んだというエピソードも有名だ。理由を「青年の友であることが私の素志である」と、「品性」と題した修身講話で述べている。世俗的な損得勘定に囚《とら》われず、自分自身の価値観に実直にふるまってこそ品性だということになる。

また、真に自由を希求する者の当然の態度として、江原さんはフェミニストでもあった。日本で初めて女子教育が行われたのが沼津兵学校附属小学校だったといわれている。女子学院の初代院長矢島楫子《やじまかじこ》と連携し、女性の地位向上運動にも積極的に関わっていた。

一九〇一年（明治三四年）には沼津に駿東高等女学校が創立されている。江原さんが発起人となってできた女学校だ。江原さんは東京には男子校の麻布を、沼津には女子校の駿東高等女学校を有していたわけである。大正時代に郡に移管され、現在は共学の県立沼津西高等学校になっているが、いまでも江原さんの肖像画と「衣錦尚褧《いきんしょうけい》」の扁額《へんがく》が掲げられており、学校ホームページにおける江原さんに関する記述は麻布のそれよりも詳しい。

この「衣錦尚褧」も江原さんが好んだ言葉のひとつだ。錦《にしき》の上には薄物を重ね、華美を抑えたほうがいいという意味で、中国の古典『中庸』に由来する。要するに見せびらかすなということである。「能ある鷹は爪を隠す」の意味も含まれているかもしれない。

同じく一九〇一年（明治三四年）の日本女子大学の創立に先立って、一八九七年（明治三〇年）にこれを後援する演説を行っている。

一方で、東京女子大学が設立される際には新渡戸稲造《にとべいなぞう》から学長就任を請願されたが固辞している。江原さんの目が常に中等教育（現在の中学・高校課程の教育）に注がれていたためだろう。麻布を早稲田大学に匹敵する大学に発展させようと進言する政友会メンバーもいたが、江原さんはこれも固辞している。

頼み上手・頼まれ上手だった一方で、自分の方向性に合わないことにははっきり「やらないよ」と言うひとだった。

とはいえ、江原さんとて超人ではない。たとえば晩年の走り書きのひとつには、「懺《ざん》悔《げ》」の二文字がくり返されている。ほかにもまるで自分で自分を殴りつけるような荒々しい言葉が並ぶ。傍《はた》からは泰然自若《たいぜんじじゃく》に見える江原さんでも、内面では壮絶な葛藤と無縁ではなかったことが窺《うかが》える。

ところで、冒頭の司馬さんによる江原評は、司馬さんの自宅に突然やって来た三人の訪問者との会話の一部である。「三人は六十前後のいかにも篤実《とくじつ》そうな教育者といった感じのひとであり、他のひとりはちょっと色合いがちがい、年も五十そこそこで一見、実業家といった感じのひとだった」とある。「ただ最近になってそのひとがOBから校長代行になっていることを知った。（中略）それがいかにいかがわしいものであるかを、切り裂かれるようにして感じさせられてしまった」。この人物の素性については本書を読み進めれば嫌でもわかる。

第二章

過疎の町を先端医療拠点に変えた破天荒医師

亀田隆明（かめだ・たかあき）

心臓外科医、病院経営者。一九五二年八月二八日千葉県生まれ。一九七一年麻布高校卒業、一九七八年日本医科大学医学部卒業、一九八三年順天堂大学医学部胸部外科大学院卒業・医学博士号授与。同年亀田総合病院心臓血管外科勤務。二〇〇四〜二〇〇八年東京医科歯科大学理事。二〇〇八年医療法人鉄蕉会理事長就任。

新型コロナウイルス相手にパーフェクトゲーム

東京湾アクアラインを通って房総半島に渡る。そのまま半島を横断すると、太平洋に面する鴨川の海辺に唐突に、巨大なリゾート施設のような建物群が見えてくる。日本で最初に電子カルテシステムを導入するなど先進的な医療施設としてメディアでもたびたび取り上げられる亀田メディカルセンターである。

入院・手術の設備が充実した亀田総合病院、三二の外来診療科がある亀田クリニック、救急救命センターなどからなる。二〇〇五年にグランドオープンした「Kタワー」は、全室が太平洋を望むオーシャンビューで、文字通りリゾートホテル並みの快適さを備えた入院施設としてグッドデザイン賞にも選ばれている。周囲には子育て世代向けの認定こども園や学童保育施設、看護系教育機関があり、丘の上には亀田グループが医療面で提携する大手不動産グループの介護付き高級老人ホームが完成間近だ。

豪華なだけではない。新型コロナウイルスへの対応でも注目を浴びた。

二〇二〇年一月、中国・武漢から政府チャーター機第一便で帰国した乗客のうち一九一人を勝浦ホテル三日月が受け入れた。亀田総合病院はそこに万全の医療体制を提供した。理事長の亀田隆明さんが当時を語る。

「感染症専門のドクターとナースを二四時間張り付けました。発症した三人の陽性者はここに入院し、全員快復しました。その後クルーズ船からも何人か受け入れましたが全員快復しています。一人だけ呼吸器を付けざるを得ない感染者が遠くから移送されてきましたが、これもここで快復しました。振り返っても、ここまではパーフェクトゲームだったと思います」

当時まだ何も医療的な知見が得られていなかった新型コロナウイルスに対して、亀田総合病院が文字通り水際での防御壁になったのだ。いきなり最前線に立ったその立場から、政府の初期対応には異論がある。

「日本政府のやり方は間違っていたと思います。PCR検査をぜんぶ国がコントロールしようとしてもうまくいくわけがない。第一便を受け入れた瞬間に自前でPCR検査を実施できる態勢を整えました。そのおかげで陽性者をいち早くキャッチして迅速に対応することができたのです」

このインタビューを行ったのは緊急事態宣言が解除されたばかりの六月の初旬だった。その時点で次のようにも宣言していた。

「東京の京橋にもサテライトクリニックがありますが、あそこは東京駅にも羽田にも成田にも近い。まさに今日から、京橋で誰でもPCR検査と抗体検査が受けられるようにします。いま世界中が鎖国みたいな状況になっているでしょう。このままでは世界経済が立ちゆかないから、感染を広げないように注意しながら国を再び開いていかなければいけない。すでに一部の国では入国に際してPCR検査陰性の証明書を求めています。中国も韓国もこれからきっとそうなります。つまり経済活動を再開する戦略の一つとして、銀座のど真ん中でいつでも検査できるようにするのです」

理事長室の大きな窓の向こうには、太平洋の水平線がすっと一本。サイドボードには巨大なカジキマグロの尾の剥製《はくせい》が飾られている。

「すばらしい眺めでしょ。ここから、ドルフィンが跳ねるのも見えますよ」

御年《おんとし》七〇近くになるはずだが色黒で、「お医者さん」というよりは往年の「昭和歌謡スター」のごときオーラがある。実際、地元のイベントでは自らマイクを握りステージに立つこともある。

兄と二人で父親から病院を実質的に継いだのが一九八三年。当時の医師数は一六人だったが、いまでは約五〇〇人に増えている。

「父はでっかい手術室と病棟を建てるだけ建ててハワイに移住してしまいました。美田どころか大借金を残されましたから、拡大路線をとるほかなかったわけです。バブルのときにはそれで痛い目にも遭いました。すごい病院のように褒《ほ》めてもらうことも多いですけれど、実際は失敗の連続ですよ」

亀田さんの兄・俊忠《としただ》さんも双子の弟である信介《しんすけ》さんと省吾《しょうご》さんもそろって麻布出身で、医師として病院の運営に関わる。

「私は小さいころからやんちゃでしたが、中三くらいまでは勉強が得意だったんです。麻布に不穏な空気が漂い始めるまでは……」

中二までは古き良き旧麻布時代

ここ鴨川で、江戸時代から三〇〇年以上続く医者の家系の次男に生まれた。地元には〝いい学校〟がないので、父の代までは旧制千葉中（現在の県立千葉中学校・高等学校）まで通う習わしだったが、母方が東京出身の学者家系だったため、隆明さんら兄弟は下宿で東京の学校に通わされることになった。東京教育大学附属（現在の筑波大学附属）が第一候補だったが親元から通える生徒でないと受けられないとわかり、麻布を狙うことにした。

毎週土曜日の学校が終わると、準急に乗り込み東京の両国まで行き、さらに電車を乗り継いで代官山の個人塾まで一人で通った。駅前で、「少年サンデー」と「少年マガジン」と、イカの燻製《くんせい》とジュースを買い込んで、数時間の列車の旅を満喫した。

夜、塾で勉強して、そのまま先生の自宅でもあるその塾に泊まり、翌朝、蛍友会《けいゆうかい》や四谷大塚進学塾でテストを受ける。成績は優秀だったしやんちゃで目立ったので、テスト会場では「あれが亀田くんか！」なんて言われて、女の子からも人気があった。帰りの列車に乗り込む前に、両国駅の立ち食いそば屋でかけうどんを頼む。おばさんがいつも卵をサービスしてくれて、それが旨い。塾通いはまったく苦ではなかった。世間は東京オリンピックに沸いていた。

亀田さんは、母方の親戚の家の離れに二つ上の兄と下宿して、そこから麻布に通った。田舎の小学校ではダントツの一番だったが、麻布にはやっぱりすごいやつらがたくさんいた。勉強だけでなく、音楽もすごいやつ、運動も得意なやつ、絵が得意なやつ……。お互いに「すごいやつがいるものだ」と認め合っていた。

ちなみに同じ塾からいっしょに麻布に進み、いまでも親交が続いているのが丸紅会長の國分文也《こくぶふみや》さんだ。みずほフィナンシャルグループ会長の佐藤康博《さとうやすひろ》さんも同級生。いまでも年に四〜五回そろって食事に行く。

ファイティング原田が活躍するなど、世は空前のボクシングブームだった。幼いころからボクシングを習っていた亀田さんは麻布に入っていきなり中一でボクシング同好会をつくった。でも、せっかく入ってくれた友達をスパーリングで容赦なくボコボコにしてしまうので全員に逃げられて、結局柔道部に入ることにした。

授業は面白かった。

いまでもうどの大木みたいなやつを見つけると「馬琴《ばきん》の瓢《ひょう》みたいだなあ」なんて言葉が口をつくのは、中学の国語の海野昌平《うんのしょうへい》先生（のちの第六代校長）が教えてくれた志賀直《しがなお》哉《や》の『清兵衛と瓢箪《ひょうたん》』のおかげである。

漢文も随分しっかり仕込まれた。仕事で中国・蘇州に行ったとき、寒山寺に連れて行かれた。そこの鐘を見て「あっ！」と気づいた。咄嗟《とっさ》に「月落ち烏《からす》啼《な》きて　霜天《しもてん》に満つ　江《こう》楓漁火《ふうぎょか》　愁眠《しゅうみん》に対す　姑蘇《こそ》城外《じょうがい》　寒山寺《かんざんじ》　夜半の鐘声《しょうせい》　客船《かくせん》に到《いた》る」と詠んだ。中国のビジネスマンが自分を見る目が変わるのを感じた。『論語』で学んだことは病院経営にも役立っている。たしか漢文の先生は「ひよこ」と呼ばれていた。

名物先生がいっぱいいいた。

幾何《きか》の「ドブチュー（ドブネズミの意味）」は、「アル中（アルコール依存症）」だったのか、黒板に線を引こうとすると手が震えて「ダダダダダダ……」って音が鳴る。「アパッチ」と呼ばれていた美術のK先生はとにかく破天荒で授業は下ネタばかり。だけど、クラスにできの悪いのがいてこのままじゃ落第だというとき、アパッチは彼に一二五点を付けた。そうやって強引に進級基準の平均六〇点をクリアさせたのだ。

当時一般のひとは海外になんて行けない時代だったのに、地理のI先生はあたかも何回も行ったことがあるかのようにシベリア鉄道の情景を語ってくれて、まるで映画を見ているかのような気分で授業を聞けた。

麻布中興の祖といわれる細川潤一郎《ほそかわじゅんいちろう》校長は噂通りの人格者だった。

こうして中一、中二くらいまでは楽しく穏やかな学校生活が過ぎた。亀田さんはそのころまでを「古き良き旧麻布」と表現する。しかし元NHK記者の藤瀬五郎《ふじせごろう》さんが校長になった一九六七年ころから雲行きが怪しくなる。

竹槍よりもビリヤードのキューを手に

中三くらいから色気づいてきて、東京女学館だの東洋英和だのの生徒に近づくために、わざわざ地下鉄を遠回りしてみたり、麻布生の間で「エ○バス」と呼ばれていた路線バスに乗ってみたりする。近隣の女子校生がたくさん乗っていてウキウキするから「エ○バス」。今は昔……にしても頭を抱えたくなるネーミングである。それでも亀田さん、中三までは成績優秀賞をもらっていた。

高一の三学期に東大紛争がピークを迎え、一九六九年の東大入試が突如中止になった。麻布もその雰囲気に巻き込まれていく。

高一の三学期から高二の一年間は、麻布でほとんど試験というものを受けていない。試験前になると正門にも裏門にも一部の生徒によってバリケードが築かれて、中に入りたくても入れない。授業もたびたび中止になった。

いや、高二のどこかまではほとんど授業に出た記憶がない。学校は戦場のようだった。それが永遠に続くような気がしていた。

どうせ開いていないだろうなと思いながらちょっと遅めの一〇時くらいに正門まで行ってはみるが、やっぱり中には入れない。仕方がないので生徒たちはいくつかのグループに分かれて引き返す。向かう場所は、図書館か雀荘かパチンコ屋かビリヤード場。

ポール・ニューマンの映画「ハスラー」の影響で、日本でもビリヤードが流行《はや》っていた。亀田さんは恵比寿の「松坂」というビリヤード場に入り浸《びた》るようになる。店の手伝いをする代わりにプロの手ほどきを受けた。

午後になると常連客がやってくる。平日のそんな時間に玉突きに来るなんて、たいてい堅気《かたぎ》ではない。

「おい、坊や。小さいゴットーでやるか」

「はい、お願いします！」

ゴットーとは、五〇〇円・一〇〇〇円という賭け金のことだ。夕方になると親分クラスがやってくる。ゴットーが五万・一〇万に跳ね上がる。当時の大卒平均初任給を上回る額である。そんな大人のやりとりを身近で見ていた。いま思えば一種の社会勉強だった。

現在の広尾ナショナルマーケットの裏手に当時あった麻布プリンスホテルでは、夜な夜なパーティーが開催されていた。参加者の多くは大学生だったが、そこに紛れ込んだ。国際基督教大学に通ういとこに英語の家庭教師として紹介してもらった、アメリカ人の女子大生をパーティーに連れて行ったこともある。お付き合いしたいと思っていた。結局うまくはいかなかったが、おかげで英語は上達した。

同級生には竹槍を持って学生運動をやっている連中もたくさんいたが、亀田さんはビリヤードのキューを持ち、ホテルのプールサイドで夜な夜な女性を口説いていたというわけだ。石原裕次郎主演の映画で描かれた「太陽族」を地で行く青春だった。

「時代背景もあって、麻布のスノビズムみたいなものが我々のときにはだいぶエスカレートしていた。普通に考えたら、生意気ですよね。でも、いまの世の中を見ててね、本当にみんなかわいそうだと思う。ちょっと何かするとすぐネットに書かれちゃうからね。我々の若いころのハチャメチャから比べたらいまの不良なんかかわいいもんなのに」

世間一般にもたれているちょっと小生意気な「麻布生」のイメージはこのあたりに原型があるのではないかと思えてくる。

留年を言い渡されハワイ大学で経済を学ぶ

そうはいっても亀田家において医者になることは三〇〇年以上続いた既定路線である。何が何でも医学部に進学しなければならない。ところがこういった高校生活だったので、受験科目が多い国公立大学では勉強が間に合わない。早々に私大医学部に狙いを絞った。慶應医学部はダメだったが、日本医科大学に合格した。

大学ではアイスホッケー部に所属した。ビリヤードでは関東選手権B級に出場し三位になった。学校に通うという習慣を高校時代になくしており、大学にもほとんど行かなかったが、人心掌握術《じんしんしょうあくじゅつ》には長《た》けている。さまざまな裏技を駆使して進級した。

しかしそれを面白く思っていない連中が大学に告げ口した。授業に出ずに進級しようとしているやつがいると。亀田さんも負けてはいない。理事長室に乗り込んで懇願《こんがん》した。

「たしかに授業は受けていない。でも試験は受けさせてほしい」

そのときばかりは物凄い気合いで勉強して、圧倒的な好成績を残した。してやったりのはずだったが、試験の点数とは裏腹に、大学からは落第の連絡が届いた。告げ口した連中が亀田さんの進級を阻止するためにストライキまでちらつかせていたのだ。

亀田さんが大学に猛抗議すると、理事長自ら鴨川までやって来た。

「亀田君、わかるけど、頼むからここは引いてくれ。その代わり一年間大学は休んでいい。新しくできた救急センターに一〇日間泊まり込んで研修すれば、それを授業の出席代わりとして認めるから」

訳のわからない交換条件だが、亀田さんにとって悪い条件ではなかった。取り引きに応じることにした。

それを聞いた父親も父親だ。亀田さんにこう言った。

「せっかく時間ができたなら、一年間ハワイにでも行ってこい。ちょうどハワイに別荘を買ったから」

こうして、ハワイに渡り、TOEFLやSATという大学入学試験みたいなものを受けて、ハワイ大学で経済を学ぶことにした。教科書も授業ももちろんすべて英語である。必死で勉強した。

一方で、根っからの遊び人魂は健在だ。オランダやスペインからの留学生を別荘に招待し、夜な夜なパーティーを開いた。勉強はやればできるし、やるときはやるのだが、徹底的に自由で枠にはまらない。楽しむことが大好きだけど、楽しませることはもっと好き。だからみんなから慕《した》われる。

目指すは手術件数日本一

帰国してから国家試験を受け、心臓外科医の道を選んだ。師匠は当時順天堂大学の教授だった鈴木章夫《すずきあきお》さん。のちに東京医科歯科大学の学長になる人物だ。

アメリカで二〇年ほどのキャリアを積んで凱旋《がいせん》したバリバリの心臓外科医で手塚治虫《てづかおさむ》の漫画『ブラック・ジャック』にも実名で登場する。ビリヤード場でその筋の大人たちから社会を学んだ亀田さんからしても、当時鬼のように怖いと感じる存在だった。

一九八三年順天堂大学医学部胸部外科大学院を卒業し父が経営していた亀田総合病院に心臓外科を立ち上げると、翌年には手術件数で国内三本の指に入るほどまでに急成長した。兄弟で力を合わせ、心臓と脳と癌の最高医療ができる体制を整えた。

さらに規模を拡大するために三〇年がかりのマスタープランを構想した。途中バブル崩壊で変更を余儀なくされたり、資金繰りに苦労して工事計画が延び延びになったりということもあるにはあったが、なんとか救急救命センターをつくり、独立型のクリニックをつくり、全個室のKタワーをつくり、当初のプランがほぼ完成した。

次の目標は、亀田総合病院を日本で一番手術件数の多い病院にすること。そのために京橋にクリニックを開設、東京駅前からの高速バス専用ターミナルを整備するなど、人口約三五〇〇万人の首都圏いわゆる「グレーター東京」全体をターゲットに見据える。交通網の発達で、鴨川という立地が決して不利な条件ではなくなったのだ。

そのモデルが、アメリカはミネソタ州のロチェスターという町にある。いや、病院の中に町があるといったほうが適切かもしれない。最新かつ最高の医療を求め、世界中から患者がやってくる、いわば「医療都市」だ。

師匠の鈴木章夫さんが東京医科歯科大の学長になった関係で、同大学の理事を何年か引き受けたこともある。二足のわらじは大変だった。でもそこでも麻布関係者が多くて随分助けられた。現在の東京医科歯科大学長の田中雄二郎《たなかゆうじろう》さんは麻布の二学年下だ。

「私にとって麻布とは小宇宙なんですよね。自分がその中にいるんだか、外からそれを見ているんだかわからないんだけれど。『麻布とは何か?』ってよりも、麻布っていうのは自分の身体の一部みたいな感覚なんだ」

いまでは麻布出身の政治家を応援する「麻立会《まりゅうかい》」という組織の会長にも就いている。

もともとは橋本龍太郎さんを囲む会だった。

「あいつはこういう癖があるやつだよな、あいつはケチなやつだよな、あいつはひとの顔見てゴマばっかりすってるよな、なんてお互いに言ってんだけど、お互いに笑って許される。多様なひとが多様なままでいられる学校だよね」

これまで聞いた麻布出身者の武勇伝のなかでも、トップクラスの突き抜け方だった。学園紛争があったからこそ最大限の余白の中で亀田さんの奔放《ほんぽう》な性格がのびのび育ち、こうして豪快な花を咲かせたのかもしれない。巨大な亀田メディカルセンターを振り返りながら、そう思った。

第三章

一強政権に真っ向から楯突いた元事務次官

前川喜平（まえかわ・きへい）

元文部科学事務次官。一九五五年一月一三日奈良県生まれ。一九七三年麻布高校卒業、一九七九年東京大学法学部卒業、文部省（現在の文部科学省）入省。文部大臣秘書官、初等中等教育局長、文部科学審議官などを歴任。退官後は自主夜間中学のスタッフとして活動。

加計学園問題で一躍時の人に

加計《かけ》学園の獣医学部新設認可について、内閣府から文部科学省に対し「官邸の最高レベルが言っている」「総理のご意向だ」などの圧力がかかったことを示す文部科学省の内部文書の存在を、二〇一七年五月一七日の朝日新聞が報道した。菅義偉《すがよしひで》官房長官（当時）は「まったく、怪文書みたいな文書じゃないか」と強く否定した。

五月二二日、読売新聞は「前川前次官　出会い系バー通い」と報道する。内部文書漏洩《ろうえい》との関係が噂されていた前文部科学事務次官・前川喜平さんへの人格攻撃だった。それによってむしろ、官邸がメディアの力を利用してでも前川さんの口を封じたいと考えていることが誰の目にも明らかになった。

五月二五日、前川さんは会見を開き「あったことをなかったことにすることはできない」と証言。七月一〇日には国会からの参考人招致にも応じる。すでに退官した元官僚が一躍、時の人となった。

前川さん本人は麻布のことをどう思っているのか。

「私自身は実はね、麻布で群れること、全然好きじゃない。愛校心もあんまりないしね。いまは同級生だった吉原《よしわら》毅《つよし》君が理事長をやっているから、保護者会に呼ばれれば講演にも行きますけれど、麻布だからどうのこうのって思ったことはあんまりないんです」

飄々《ひょうひょう》とそう語る。ちなみに同級生の吉原さんは、二〇一〇年城南信用金庫で経営陣を刷新する「クーデター」に成功し、世間を驚かせた人物。東日本大震災後は同信金の脱原発宣言を主導し、二〇一七年には「原発ゼロ・自然エネルギー推進連盟」を創立。小泉純一郎元首相らと連携しながら反原発運動に取り組む。二〇一七年から麻布学園理事長。

歌あり詩の暗唱ありの賑やかなインタビューは、なんと四時間におよんだ。長くなるので先にまとめを記しておく。

封建的、差別的、貧富の差が激しい閉鎖的な社会に生まれた。その現実を目の当たりにしながら、母の導きで、支配、差別、貧困などに関するほとんど本能的な反発心が植え付けられた。さらに麻布での紛争体験と大学での芦部《あしべ》憲法および仏教研究は、究極の自由への希求という概念で通底する。それを敷衍《ふえん》するならば、文部科学省での「面従腹背《めんじゅうふくはい》」の日々は前川さんにとって、社会的立場にかかわらず精神の自由を貫く修行の日々だった。

封建的意識、差別、貧困が身近にあった少年時代

「麻布出身というとシティーボーイのように思われるけど、生まれは田舎なんです。金剛《こんごう》山《さん》と葛城山《かつらぎさん》という二つの山を眺めながら育ちました。もうちょっと南に行くともう吉野の山なんですよ」

一九五五年奈良県御所《ごせ》市（旧秋津村）に生まれた。前川家にはやや複雑な背景がある。

前川さんの父・昭一さんは、前川家の三男・喜作さんの息子として生まれた。しかし長

男・喜一さんの夫婦に子がなかったため、生まれてすぐに喜一さんの養子になった。つまり前川さんには実祖父母と養祖父母がいる。実祖父母は東京で前川製作所を起業していた。前川さんが幼少期をすごしたのは養祖父母の家である。

「田舎の地主でした。特に祖母のほうが封建的な意識の塊《かたまり》みたいなひとでね。ほんとに威張り散らしていました」

小一の一学期、前川さんの通知表を見てその祖母が怒りだした。ほとんどの教科が「五」なのに、体育だけが「四」だったからだ。孫に怒ったのではない。「四」を付けた学校に対して怒り心頭なのだ。

祖母は学校に乗り込んだ。すると次からは前川さんの通知表に「五」以外の評価が付くことはなくなった。

「子ども心におかしいと思いましたよ。なんでこういうことが起こるんだと。そうしたらどうやら学校の講堂は前川家が寄付したものだったらしいんです」

加計学園もびっくりの忖度《そんたく》である。

「朝、近所の友達がうちに寄ってくれて、『きへいちゃん、行こか』っていっしょに学校に行こうとするんですけれど、そこでも祖母が怒るんです。『うちの孫にきへいちゃんとは何事か！』と。『ぼんぼん』と呼べと言うんですよ」

御所市には水平社博物館がある。被差別部落のひとたちが差別撤廃に尽力した先人の足跡を残すために開設したものだ。つまり被差別部落の問題を身近に感じられる地域だった。

「子どものころはそんなこと知らないし、差別意識なんてもちろんもっていませんでしたが、思い出してみるとばあさんはとんでもない差別をしていたんですね。彼らを小作人よりも下に見て、土間に直に座らせたりするんです」

時代錯誤の封建的価値観から息子を守らなければいけない。ことあるごとに人の道を教えてくれたのが母・尚美さんだった。

三井物産の香港支店長の娘として生まれ、タイ・バンコクで何不自由なく育った。しかし空襲で東京の家が焼けただけでなく、財閥解体で父親の仕事もなくなった。まさかの人生下り坂である。

香蘭《こうらん》女学校に通っており、成績も優秀だったが、上の学校には進めなかった。早稲田大学の学生だった前川昭一と縁があり、一九歳で奈良に嫁入りする。海外育ちの令嬢にとって、田舎の封建的社会で経験するカルチャーショックがいくばくか、想像に余りある。

前川さんには二人の妹がおり、祖父母と両親そして三人の子どもたちが一つ屋根の下で暮らしていた。お手伝いさんも二人いた。

あるとき小学校に大量の転校生がやって来た。近くに工場ができて、そこで働くひとたちが移住してきたのだ。そのなかに三木君という褐色の肌と縮れた頭髪の子どもがいた。父親が外国人だと推測できるが、母子家庭だった。あっという間にいじめの対象にされた。

そこで前川さんは母親から、「あなたがかばってあげなさい」と諭される。

休み時間のフットベースボールのチーム分け。いつも三木君はのけ者にされた。しかし前川さんにチーム分けの権限が回ってきたときには、三木君を必ず自分のチームに入れた。

母親が運転する車で町中までピアノのレッスンに行った帰り、道ばたを歩く三木君を見つけた。

「あっ、三木君だ！」

車に乗せて家の近くまで送ってあげた。そのあと母親が前川さんに尋ねた。

「さっき三木君が抱えていたもの、わかる？」

「一升瓶を持っていた」

「中に何が入ってた？」

「お米が入ってた」

「それってどういうことだかわかる？」

「うーん……？」

「お米というのは保存がきくものだから普通は一度にもっとたくさん買うものなの。じゃあなんで三木君は一升のお米を大事そうに持っていたのか。一升分のお米を買うお金しかなかったからだと思うの。一升分しか買えないお金を持って、三木君は長い道のりを一人でお使いに行ったんでしょう」

貧富の差というものを初めて明確に意識させられた。

「おかしい。僕はたまたま裕福な家に生まれた。なんで三木君は恵まれない家に生まれたんだろう。世の中の不条理みたいなものを感じました。そういう閉鎖的な社会で八つまで育ったんですが、封建的な意識とか差別意識とかを刷り込まれずにすんだのは母のおかげだと思っています」

タイムマシーンをつくりたい

小三で大きなターニングポイントが訪れた。実祖父が経営する前川製作所を父親が手伝うことになったのだ。養祖父母も伴い一家を挙げて東京に移住した。

しかし転校して早々、慣れない環境に戸惑い、不登校になった。朝起きて学校に行く時間になると頭痛や腹痛がしたり、吐き気をもよおしたりする。心因性の身体症状である。

「しんどい……」

「じゃあ、寝てなさい」

母は無理に学校に行かせようとはしなかった。

「のちに文部官僚になって考えてみますと、この母親の対応は正しいんですよ。不登校に対していたずらに登校刺激をするのは良くないわけで」

そのころから「奈良へ帰りたい」が前川さんの口癖になった。母親もそんな息子の姿に、「バンコクへ帰りたい」と思っていたかつての自分を重ねていたかもしれない。

「もうそのころからね、過去を懐かしむ習慣が身についちゃった（笑）。いまよりも過去のほうがいいという感覚が私のベースにあるんです。高校生のころ物理学者になりたいと思っていた時期がありましたよ。過去に戻れるタイムマシーンをつくりたいと思ったからです」

しばらくすると、父親が港区麻布に自分の家を買い求めた。不登校は続いていたが、転校して救われた。ここからようやく「麻布」が舞台になる。

現在も、麻布中高から外苑西通りに向けて坂を下った右手に、港区立笄《こうがい》小学校がある。そこに転校した。先生も友達も優しかった。今回はうまくクラスになじむことができて、すぐに学級委員長にも選ばれた。好きな女の子もできた。しかも三人。

まわりに受験生が多かったせいか、六年生になってから突然「お前も受験しろ」と言われた。母親が担任の先生に相談すると、塾の先生を紹介してくれた。そこで授業を受けて、週末は蛍友会という大手塾のテストを受ける。途中で母親が日本進学教室（通称：日進）のほうがいいらしいと聞いてきて、そちらに鞍替えする。最寄りの麻布中学を受けることにした。

麻布史上最弱⁉のラグビー部

麻布に入ると、体育のA先生に「麻布ボール」というラグビーの変形のような競技をやらされて、その影響でラグビー部に入った。前述の吉原さんもチームメイトになった。

「ラグビー部っていうのは当時掃きだめみたいな感じがあったんです。まともなやつもいたけれど、どうしようもない不良も相当いましたよ。チームも麻布のラグビー部史上最も弱かったんじゃないかなぁ（笑）。チームとして公式戦では一度も勝った記憶がないし、私は一度もトライをしたことがありません」

練習試合で一回だけ勝った記憶がある。相手は駒場東邦だった。勝てた理由は簡単だ。駒場東邦にラグビー部ができたばかりで、初戦相手にちょうどいい最も弱そうなチームとして麻布を選んでもらっただけだった。

「『ハリパン』ってあだ名のK先生が一応顧問なんだけど、練習なんか全然見てくれないし、勝てるわけないのよ」

入学当初、自宅は麻布から目と鼻の先の距離にあったが、中一の間に二子玉川に引っ越した。当時はまだ渋谷―二子玉川間の田園都市線ができる前。麻布に通うには、バスで渋谷まで行って渋谷から麻布付近までまたバスに乗るか、大井町線で自由が丘まで出てそこから東横線と日比谷線を乗り継いで広尾まで行くかの二通りが考えられた。

バスの旅を選んだ。

「渋谷から東京女学館（以下、女学館）の生徒たちといっしょなので、当時麻布生たちは『〇ロバス』って呼んでましたからね。でも私は比較的まじめな生徒でしたから、制帽をかぶって、制服の黒ボタンも首のホックも上までぜんぶ締めて通学してました。座っているときどき目の前に女学館の子が立つことがある。そこで『カバン持ってあげるよ』とか言って、膝の上に置いてね。それが結構喜びだったわけ」

武蔵小杉の友達と仲良くなったので、途中から電車通学に変えた。

「すると今度は日比谷線で東洋英和の子たちがたくさん乗ってくるんですね。あのエンジのネッカチーフがまぶしくて。女学館と東洋英和の生徒たちはみんな清らかな美少女だという憧れがいまでもあります」

高一のとき、ついに女の子を麻布の文化祭に招待しようと決める。

「小学校のときに好きだった女の子三人を誘うんです。東洋英和に行った子が二人と女学館に行った子一人です。当時文化祭は二日間だったので、東洋英和に行った二人は一日目と二日目に分けて誘いました。女学館の子はそれとはまた時間がかぶらないように誘いました」

女の子慣れしていないのに、なぜそんなに欲張るのか。女の子慣れしていないからこそ欲張ってしまったのかもしれない。結局時間調整に失敗し、前川さんは右往左往するものの、三股があっさりバレる。

「それはもうね、一生の不覚というかね。何年も恋い焦がれていた子たちの信用を失っちゃったわけですよ。やっぱりね、的は絞れと。これは麻布での学びの一つですね」

山内校長代行という専制君主に対する反発心

「でも麻布の六年間で私の人生にとっていちばん大きな影響を与えたのは、なんといっても学園紛争です。中二のときに始まって高三までずっとやってました。私はノンポリだったし、入学当初の細川潤一郎校長も、その次にやってきた藤瀬五郎校長も、一応尊敬していましたよ。でも次にやってきた山内一郎《やまのうちいちろう》校長代行というのがとんでもないやつでした。先生たちまで二派に分かれちゃって。やっぱり生徒からは反校長代行派の先生たちのほうが人気ありましたけどね」

あるときには音楽のO先生が、自分の音楽の時間を潰して「今日はいまの麻布についてみんなで考えよう」と提案し、宮沢賢治《みやざわけんじ》の「生徒諸君に寄せる」という詩を朗読してくれた。それが前川さんの心の琴線に触れた。あとで調べて本を買い、詩を覚えた。いまでもほとんど暗誦できる。

インタビューのその場で、前川さんは抑揚を付けて詠み上げた。

「生徒諸君　諸君はこの颯爽《さっそう》たる　諸君の未来圏から吹いて来る　透明な清潔な風を感じないのか　それは一つの送られた光線であり　決せられた南の風である　諸君はこの時代に強《し》ひられ率ゐられて　奴隷のやうに忍従することを欲するか……」

実際には宮沢賢治の草稿を高村光太郎《たかむらこうたろう》が構成したものだとする説が有力だ。

「『この時代に強ひられ率ゐられて奴隷のやうに忍従することを欲するか』なんていい言葉ですよね。時代に屈するなと。『新しい時代のコペルニクスよ、新たな時代のマルクスよ、新しい時代のダーヴヰンよ』なんて言うんですよ。過去の偉人を超えて行けと。この詩はずっとそのあとも、私が迷ったときの座標軸になっているような詩ですね」

とんでもない人物が校長代行として生徒たちの前に突如現れた。校長代行が強権で生徒たちを押さえつけようとすればするほど学校の秩序は瓦解《がかい》する。自分で判断するしかない。そんなときに、この詩が、前川さんの指針となったのだ。O先生の意図もおそらくそこにあったのだろう。

山内校長代行という専制君主の圧力下で多感な時期をすごし、知らず知らずのうちに権威に逆らう姿勢が身についたのかもしれない。ただしそれは麻布だったからというよりは、山内校長代行がいたからという意味合いが強い。

「ひょっとすると、山内校長代行のやり方と安倍官邸のやり方がこう、重なったのかもしれない。いや、それ、いま初めて気づきました！」

その山内校長代行も、実は麻布の卒業生である。

「まあ実際は、文化祭に機動隊が突入したとき私は校庭でフォークダンスを踊っていましたし、ロックアウト期間中は信州旅行なんかして気楽に楽しんでいましたけれど」

麻布と芦部憲法と仏教は自由でつながっている

タイムマシーンをつくるために東大で物理を学ぶつもりだった。しかし高三の数Ⅲで挫折して文転。現役で文Ⅰに進む。

二年生になると麻布出身の東大生でテニスサークルをつくろうという話になった。どうせなら女の子も入れようということになり、つてをたどって日本女子大の学生を誘った。

「初めて女の子が参加してくれた練習はいまでも鮮明に覚えてます。小学校から日本女子大附属で清楚《せいそ》でね。まぶしかった。私、本当に日本女子大そのものが好きになっちゃって、校歌まで覚えちゃいました。『雲間をいずる　朝日かげ〜』って」

また歌。それにしても前川さんの記憶力には舌を巻くばかりだ。

「実はもう一つサークル活動をやっていました。それが東京大学仏教青年会です。実祖父も父も仏教に親しんでいたので、家には仏教の本がたくさんあったんです。中高生のころから仏教の本を読んでいた。だから自分も大学に入ったら仏教青年会に入ろうと思っていて、探してみたら東大にもあった」

仏教青年会の建物の中には修行ができる畳の部屋もあった。秋月龍珉《あきづきりょうみん》という先生が来て座禅修行を手ほどきしてくれた。

「別にあんまり悟ったとは思っていませんけど（笑）。でもね、やっぱり禅というのは究極の自由を求める修行なんですよ。麻布の自由の精神と、禅の悟りの世界はつながっています。禅の指導者は『俺に付いてこい』とは絶対に言わない。『お前はお前だ』って突き放すんだから。麻布といっしょでしょ。だから何かを盲信するということはないわけ。そうやって考えてみると、麻布という環境で育ったことと、仏教で学んだことが相まって、究極的な自由を希求する姿勢が身についたように思います」

サークル活動に沈没し、授業にはほとんど出なかった。ただ、芦部信喜《あしべのぶよし》さんの憲法だけは勉強する気になった。憲法訴訟の権威である。

「芦部さんの憲法は科学だと思いました」

たとえばアメリカの憲法判例の考え方から生まれて彼が日本にもってきた「二重の基準論」という有名な理論がある。同じ自由であっても経済的自由と精神的自由は違う。経済的自由については一定の政策的制約が許されるが、精神的自由を政策的に制限してはいけないという考え方。

「本来のリベラリズムつまり自由主義というのは、精神の自由を大事にする考え方です。でもネオリベラリズムつまり新自由主義というのは、経済的自由に重きを置くわけです」

前川さんの著書を読むと、状況解釈や制度運用について、独特の視点があると感じる。芦部憲法の規範科学がその下敷きになっているのだろう。

「芦部憲法から学んだのは、精神的な自由がどれだけ大事かということです。学園紛争期の麻布で培《つちか》われた自由に対する確信みたいなものが私の中にあるわけですよ。自由を奪われてはいけないという切実な思いが。その自由というのは精神的な自由のことです。心の自由なんですね。だから私の中で、麻布と仏教と芦部憲法は、自由という概念でつながっているんです」

「考える葦」としての人間を扱うのが文部省

国家公務員試験を受けようと思ったきっかけは、二度目の留年が決定し、父親にこっぴどく叱られたからだ。さすがに二度目は許さんと。

「理想の生き方は高等遊民だったのですが、とにかく大学は出なくちゃいけないし、まわりはみんな公務員試験を受けるみたいだから、自分も受けてみるかくらいの感じでした。高度成長期が終わった一九七〇年代の末、これからは成長ではなくて成熟の時代だとか、物の豊かさよりも心の豊かさだとかいわれていました。生物としての人間を扱うのは厚生省ですが、『考える葦《あし》』としての人間を扱うのは文部省だと思ったんです。でもイデオロギーの違うところに入るって覚悟はできていました。初めから」

大学で教育に関する判例も学び、日本の文部省が「国家教育権」を主張していることは知っていた。すなわち、国家に国民を教育する権利があるという立場である。知ってはいたけれど、最初のうちは辞めたいと思ったことも何度かあった。

自民党が下野したり政権に復帰したりした時期をそれなりのポストで経験した。

「村山内閣のときに文部大臣の秘書官をやりました。そのときの文部大臣が与謝野馨さん。与謝野晶子《よさのあきこ》の孫で、この方は麻布出身ですね。そのときにたまたま官房長だったのも麻布出身です。吉田茂って、あの吉田茂と同姓同名なんですが。でも麻布体制っていうとヘンですね。麻布って体制派じゃないから（笑）」

与謝野さんはリベラルだった。中学校の最初と高校の最後だけ麻布で、途中はエジプトのイングリッシュスクールなど海外で学んだ。

「与謝野さんにお供して、素粒子の研究をしているジュネーブのＣＥＲＮ（欧州合同原子核研究機構）という組織を視察しました。与謝野さんは素粒子の理論についても詳しくて、研究者と英語で話せちゃう。ＣＥＲＮの研究者が舌を巻いていました。囲碁も強くて、正真正銘のアマ七段。麻雀も強いし、カメラも好きで、とにかく多趣味で面白いひと」

でも仕事に関して大概のことは部下に任せる。

「こう言っちゃあなんですが、昼行灯《ひるあんどん》みたいなひとでしたよ。でも、与謝野さんが強烈なリーダーシップを発揮する場面を三回くらい見ています」

阪神・淡路大震災発生。「文部省の所掌《しょしょう》を超えてやれ」と指示を出した。東京商船大学（現在の東京海洋大学）の練習船で救援物資を運んだ。壊れた学校を復旧する補助金の対象に朝鮮学校を入れるかどうかが問題にされたが、与謝野さんは「入れろ」と言った。

「昼行灯がバッと起き上がるみたいな（笑）」

村山内閣は自民党と社会党の連立政権だった。イデオロギーがもともと異なる。学校ににおける国旗国歌の指導についての国会答弁で、村山富市《むらやまとみいち》さんと与謝野さんの見解が微妙に食い違うという事件も起きた。

「一九八九年の学習指導要領で国旗国歌の指導が義務づけられました。それで文部大臣の与謝野さんは、学習指導要領に基づいて義務とされていると答えます。でも社会党はずっと反対していましたから、村山さんは強制すべきものではないと答えました。そこで審議が止まります。昔はよく止まりましたよ。いまの与党は平気で進めちゃうけど（笑）」

夜、官邸に集まって統一見解を練った。まとめたのは与謝野さんだった。

「指導することは学習指導要領で決められた教員の職務であるけれど、指導を受ける側の子どもの内心には強制しない」

この理屈であれば教員も、職業上形式的に指導すれば良いのであって、面従腹背も可能になる。

「与謝野さんのそういうところはリベラルだなあと思います。そこは麻布だなあと思うんですよ。ただ、同じ麻布出身でも、平沼赳夫さん（元経済産業大臣）や中川昭一《なかがわしょういち》さん（元財務大臣）なんてとんでもない右翼ですよ。つまり『麻布＝リベラル』ではない」

新しい座右の銘は「眼横鼻直」

「だから、麻布だからって親近感を抱くということはないですよ。愛着はありますけどね。私は個というものをずっと掘り下げていけばいつか普遍にたどり着くと思っています。これが禅でいう自力本願です。生きとし生けるものはすべて仏になれて、仏として普遍のものにたどり着く。それが法という真理を悟ること。真理はすべてのひとに平等です。まず個である。しかし一人一人がずっと自分を見つめ続けていくことによって自分と他者とのつながりが見えてくる。それによって社会ができていく。先に国があるわけでもないし、先に学校があるわけでもない。麻布といってもいろんなひとがいて、個と個はみんな違うんだけど、みんな個だということは共通かもしれませんね、群れないところはね」

役人時代の座右の銘は「面従腹背」だったが、現在は「眼横鼻直《がんのうびちょく》」。目は横、鼻は縦。物事をあるがままに見る姿勢。道元禅師《どうげんぜんし》の言葉だと伝えられている。

「面従腹背というのは表向きと内心にギャップがあるわけです。後輩たちにもよく言いました。この仕事をしていたら魂を一時的に貸すのはしょうがないけれど、魂を売るなと。

でも役所辞めましたからもう、ありのまま」

前川さんにとって文部科学省とは、社会的立場という鎖につながれていてもなお個としての精神の自由を保ち続けるための修行の場だったのかもしれない。だとすれば前川さんはいま、約四〇年におよぶ現代の荒行を終えたばかりなのである。そのうち本当に出家してしまうのではないかと思う。

第四章

ビル・ゲイツになれたかもしれない国際弁護士

湯浅卓（ゆあさ・たかし）

国際弁護士。一九五五年一一月二四日東京都生まれ。一九七四年麻布高校卒業、一九七九年東京大学法学部卒業。その後UCLA（カリフォルニア大学ロサンゼルス校）、コロンビア、ハーバードの法律大学院に学び、ニューヨーク州およびワシントンD.C.の弁護士として活動するかたわら、独特のキャラを活かしてテレビのバラエティ番組にも多数出演。

国際弁護士だが日本の弁護士資格はない

「湯浅です！」

両手の親指を立てるおなじみのポーズで登場した。トランプ大統領よりも湯浅さんのほうが、本家本元である。

「国際弁護士」という肩書きにそぐわないその風貌《ふうぼう》とナルシストキャラ、そしてハチャメチャな湯浅ダンスが注目を浴び、二〇〇〇年代にはバラエティー番組に引っ張りだことなった。映画評論家でもあり、自ら映画にも出演している。

さて、二時間ほど話したが、つかみどころがない。もしかしたら、このひと、宇宙人？

それくらいに浮世離れした存在感なのである。でも思い出してみるとたしかに麻布には、学年に何人かこういうタイプのひともいた。

はじめに断っておくが、湯浅さんは日本の弁護士資格はもっていない。国際弁護士としての主戦場はニューヨークのウォール街だ。何がどうしてそうなったのか、順を追って聞いていこう。話が「ワープ」することがあるかもしれないが、それが「湯浅ワールド」だ。

中学受験勉強は立ち読み学習法で終わらせた

「八つ上の兄も麻布です。それで私も麻布を受けることになりました」

中学入試のためにどんな勉強をしたのか。

「やってないです。それは湯浅ですから」

湯浅さんの中学受験必勝法はこうだ。

「当時『自由自在』『応用自在』『完全学習』『力の五〇〇〇題』という四大受験参考書が

ありました。本屋さんに行ってそれを立ち読みするんですよ。同じ単元を扱ったページを四つ見比べて、『この単元については応用自在がよくできている』なんて判定します。まあ言ってみれば『上から目線読み』ですね。自由が丘の三省堂と渋谷の大盛堂の参考書はすべて立ち読みで読破しました。普通のひとは家に帰って勉強して赤線引いたりするんでしょうけれど、そんなことはしません、湯浅。受験勉強と受験産業と受験参考書を評価した。その結果、麻布の門をくぐったわけです」

常人離れした勉強法である。

「参考書とかそういう区別なく、本が好きでした。読むスピードが速いから、中学生になると自由が丘の三省堂を読破しました。その次に渋谷の大盛堂を読破しました。普通のひとは本を読破するけれど、湯浅は本屋を丸ごと読破する」

麻布に入ったときの印象は？

「最初のホームルームでの議題が『湯浅君はなぜ話すときに身振り手振りが大きくなるのか』でした。当時まだ『湯浅ダンス』は生まれていないですけれど、たしかに身振り手振りは当時から大きかった」

ドキドキして入学式を迎えたクラスメイト全員に「何だコイツ？」と思われたのだろう。

「話は飛ぶんですけど、『ハリパン』という体育の教師がいましてね。本名はKっていうんですけど、いつも張り切ってトレパンをはいているから『ハリパン』と呼ばれていました。それが担任で、そのハリパンの息子さんが麻布の先輩なんですよ。クラスのスキー旅行にはその息子さんも参加してスキーを教えてくれたりして。息子さんに私たちが付けたあだ名は『ハリガキ』。ちなみにスキー場で私に付いたあだ名は『ゲレンデのベストドレッサー』」

どういう意味？

「スキー場に映《は》えるから。あえていえば青が似合った」

なるほど……。

「余計な話をしますけれど、中学生の私がよくやっていたのが有栖川公園」

有栖川公園をやる？　動詞？

「広尾駅側の入口近くにブランコがありました。それを一〇回こいでから有栖川公園を一周してもう一度一〇回こぐというタイムトライアル。これを数人の仲間でやってました」

有栖川公園は麻布生にとっては庭みたいなものだが、一周約一キロメートルはあるのではなかろうか。

「結構ハードな競技です。グループのなかで唯一私が四分の壁を破った男です」

それはすごい！（いや、もう、よくわからない）

「で、あとは本屋さんにいましたね。中二のころは文学者を目指してたんですよ。普通のひとは作家になろうとするでしょ。でも湯浅は文学者です。評価する側です。クールな目線で、ですね。ゲレンデのベストドレッサーですから。それで文学者のありとあらゆる本を立ち読みで読破しました。海外文学はあとで原文で読もうと思っていたので、まずは日本語の文学をバーッと。月に七〇冊くらいは読んでいた」

競馬が好きだったことや、囲碁将棋同好会での開成との戦いや、高校から編入してきた八人にも負けない成績だったという話が続くが、紙幅の関係もあるのでワープする。

どうせ誰一人やらないから宿題は出さない

「兄の影響で麻布を選んだと言いましたが、もう一つ麻布に惹《ひ》かれる理由がありました。

麻布はあの喜劇の天才フランキー堺さんを輩出した学校です。彼に関する面白いエピソードを聞いたことがありました」

フランキー堺さんが在学中の冬、教室の中でたき火をすることになった。当時校舎は木造だったので、大事故につながりかねない危険行為だ。ちなみに二〇一九年の四月にも火遊びが原因で学校内で火災が発生し大ごとになった。

堺さんが枯れ枝を集めに行って教室に戻ると、仲間はすでにたき火を始めており、そこに通りかかった体育のA先生が激怒の最中だった。状況を察した堺さんは、手に持っていた枯れ枝をさっと隠し、教室に入る。A先生が「やっぱりお前か！」と怒鳴る。堺さんは「いえ、先生。私は校庭で遊んでおりましたところ、なんと我が母校からもくもくと煙が上がるではありませんか。我が母校の一大事とばかりに、矢も盾もたまらず駆けつけた次第です」と芝居をうつ。A先生もそれに乗る。「偉い！　みんな堺を見習え！」と言って事なきを得た。あとで堺さんはみんなにラーメンをおごったという。

「そのエピソードを聞いて、麻布に入りたいと思ったんですね。麻布に入ってからA先生に聞いたら、『本当だ』と言っていましたよ。同じく麻布出身の喜劇役者の小沢昭一《おざわしょういち》さんも大好きでしたけれど」

それで、麻布に入ったときの印象は？

「入ってすぐにわかった。これはかなわないと。それぞれの生徒が何かしらの特色をもっていた。あるひとは勉強だし、あるひとはギターだし、あるひとはひらめきだし……」

立ち読み勉強法で鍛えた湯浅さんの成績は？

「常に上位ではありました。でもそれは努力の成果ではまったくないですね」

宿題なんかはちゃんとやっていた？

「宿題はやらなかったというか、そもそも出ませんでした。だって先生が言うんです。『出したってどうせやんないんだろ、君ら』って。宿題を出しても誰一人やって来ないから出さないというのが共通理解になっているんです」

一九歳の時点ではビル・ゲイツよりも上だった!?

得意科目は？

「好きだったのは圧倒的に数学ですね。私は一浪して東大の文Ｉに進むのですが、理系向けのコンピュータープログラミングの授業を受けることにします。そうしたら先生が『湯浅君のつくったプログラムは東大史上最も高度で複雑なオリジナリティがある』って褒めてくれるんです。『法学部なんてやめて数学科に来い』と。それで翌日から数学科の大学院に行きます。物性研究所の助手の方のプログラミングを手伝いました。ここだけの話をぜんぶ喋《しゃべ》っちゃいますが、『湯浅君のつくっているプログラムを完成させると東芝や富士通が二〇〇〇万円以上で買ってくれるよ』と言われました。当時の二〇〇〇万円ですからね、いまの何億って感じですよね」

しかしそれが最終的に何に使われるのかと考えると、どうやら原子力発電所溶鉱炉のエネルギー波伝播《でんぱ》の汎用プログラムに使えそうだと。

「そういうのに使われるのならやめておこうと思って、プログラミングはやめました。私、ビル・ゲイツと同じ年に生まれています。そのままコンピューターを続けていたら、そのマークが（iPadを指して）、アップルじゃなくてユアサップルになっていたかもしれない。私はゲイツよりも（スティーブ・）ジョブズのほうが好きですけれど、ジョブズよりもゲイツのほうがはるかに数学的には天才だった。ただ、プログラミングでは少なくとも一九歳の段階で、ゲイツより私のほうが上だった」

それにしても、湯浅さんともあろう天才がなぜ一浪？

「私の同級生の間でそれは麻布の七不思議だといわれています。ただ、理由は明快です。数学以上に愛している科目がありました。音楽です。高一から紛争が始まって授業がなかったから、その分オペラにのめり込みました。ギリギリまで藝大にしようか東大にしようか迷いました」

文学者の夢は？

「そのころには知ったこっちゃないですよ。模試を受ければ英数国の三教科ではいつも賞をもらっていました。でも社会科はまったく勉強していませんでした」

学校の授業を聞いているだけでは対応できなかった？

「だってロックアウトですから。でも理系にしておけば受かっていたでしょうね。数学の配点が高いから。本当は医者にも憧れたんですが、いかんせん血が嫌いでした。中三のころ、百科事典で血みどろの癌細胞の写真を見つけて、自分はこれに挑戦しなければいけないと思って集中して三時間にらめっこしていたら気持ち悪くなったんで、医者の道はあきらめました」

えーっと、文学者になりたくて、医者になりたくて、オペラ歌手になりたくて、文系に進んでプログラミングをやった、と。何と脈絡のない……。で、最終的には国際弁護士の道を歩む。

「法学の才能があったから。法学に才能があるとは夢にも思わなかったけど」

才能がいくつあるのか……。

「高潔の士」エリオット・リチャードソンへの恩

「自分に法学の才能があることはアメリカに渡ってから気づきました」

文Iだったら、大企業の顧問弁護士や官僚になるのが王道だと思うが。

「法学部の私の恩師は会社法の権威でした。その知識が活かせるだろうと思って、祖父と伯父の縁で第一勧業銀行（現在のみずほ銀行）に就職したんです。学者になりたかったらまた戻ってくればいいと、先生からアドバイスされて。銀行の論文大会で優勝したり、外国人定期預金というのを支店で商品セールスして大当たりしたり。銀行には数年いましたが、宴会部長でした。いまでも宴会芸部門なら、どこの企業でも活躍できる自信があります」

それからまた大学に戻るつもりだった。大学院のある法学部の教授になると自動的に弁護士資格が得られる制度が日本にはあったので、司法試験受験はもともと考えていなかった。しかし恩師が亡くなり、戻る場所がなくなった。当時の大学は象牙《ぞうげ》の塔。戻るどころか、争いに巻き込まれる前にどこか遠くに行ったほうがいいと忠告を受けた。そこで、学生時代のアメリカ旅行で多少つてができたUCLA（カリフォルニア大学ロサンゼルス校）への留学を思いついた。

恩師の親友であった東大の加藤一郎《かとういちろう》さんに相談すると、「暖かいから行きなさい」と言ってもらえた。加藤一郎さんは東大紛争のときに総長代行として手腕を振るい、のちに東大総長にもなった人物だ。

「アメリカに渡ったときにはいずれ日本に戻って大学の先生をやるつもりでした。でもUCLAに行ったら、アメリカ人の教授に東海岸に行けと言われました。カリフォルニアでは日本人は差別される。いくら才能があってもカリフォルニア州では芽が出ないと」

アメリカでは州ごとに弁護士資格が定められている。アメリカで足場をつくるなら東海岸へ行けというアドバイスだ。ＵＣＬＡロースクールを卒業したあと、特別研究生としてコロンビア大学ロースクールに行った。そこで司法試験を受け、ニューヨーク州弁護士資格を取得する。同様にハーバード大学のロースクールにも通った。

湯浅さんは帰国子女ではない。アメリカに行く前に英検一級はとっていたというが、それにしても大変な勉強をしなければならなかったはずだ。

「それはもう一に体力、二に体力、三、四も五も六もなくて、一〇に体力ですよ。三カ月くらい徹夜しているとあるときグワーッと成果が出始めます。これはアメリカ的な学習曲線です」

コロンビア大学やハーバード大学などアメリカのトップ一〇といわれるようなロースクールでなおかつトップ一〇パーセントに入るような好成績を収めていると、ウォール街での仕事が得られる。そうなれば一生安泰だといわれている。ウォール街でも金融マンの仕事は景気に大きく左右されるが、弁護士は景気が良くても悪くても仕事にあぶれることがない。

しかしウォール街でひどい差別に遭う。

「論理的な差別。現地の白人エリート弁護士三人から、論理的に背中からナイフで刺されるような」

耐えかねて真夜中に、海外出張中の事務所の白人上司に電話をした。ただごとでない様子を察した上司が言う。

「事実だけ、言いなさい」

落ち着いて、事実だけを伝える。

「タカシ、どうしてほしい？」

望みを伝えた。

その後上司はすぐにウォール街の三カ所に電話をかけ、三人のエリート弁護士はウォール街を追放された。

その上司こそ、ウォーターゲート事件で「高潔の士」と賞賛されたエリオット・リチャードソンである。事件を追っていた特別検察官をクビにしろと言うニクソン大統領からの圧力に背いて辞職した、元アメリカ合衆国司法長官である。最近どこかの国で、強引に検事長の定年を延長しようとして、結局本人の賭け麻雀で辞職に追い込まれたのとは真逆の話である。

「私がロックフェラーセンター売却などの大仕事をしたのは、その恩返しです。彼以外にも私を助けてくれるひとたちがいましたから」

ウォール街がシリコンバレーを育てた

しかしウォール街の弁護士としての湯浅さんの偉業はむしろほかのところにある。

「言ってみれば、不動産のような古い価値観からコンピューターやインターネットを含めたハイテク分野に価値観を切り替えたことです。あの段階ではインターネットなんて海のものとも山のものともつかないものでしたが、私はインターネット社会を予測する論文をアメリカで発表していました。そこでもビル・ゲイツの先を行っていた（笑）。なぜなら私がウォール街にいたから。ロックフェラーなんかはいち早く古いビジネスを売って、ハイテクやコンテンツビジネスに軸足を移していました。その象徴が一九八九年のロックフェラーセンターの売却でした。当時はインターネット業界なんて赤字でしたよ。でもウォール街が従来のビジネスを捨ててでもそこに資本を投下したので、あれだけ急成長することができたのです。ちなみにリーマン・ショックもウォール街が悪いんですが、そのとき私は日本で湯浅ダンスをやってましたから、私には完全にアリバイがあります（笑）」

東大でプログラミングしていた知識がそのときに役立った。一方で麻布時代にオペラにのめり込んだ経験が、ニューヨークでの意外な活動につながる。

趣味としてダンスを始めた。一九八六年、名門フレッド・アステア・ダンススタジオの社交ダンス新人大会（ニューヨーク市）の五種目で優勝。同年、全米北東部新人大会でも三種目で優勝。ロックフェラー関係の仕事をする弁護士たちで構成され五〇年の歴史を誇るミュージカル団体のプラザホテル興行でも大活躍。

「弁護士たちがマイケル・ジャクソンの〝Beat It〟を生演奏して、それに合わせて湯浅がラテンダンスを踊る」

エンターテイナーとしての才能もあるのだ。激しく頭を振る湯浅ダンスはラテンダンスから来ているそうだ。

生き馬の目を抜くとも表現されるウォール街での激務をこなしながらのミュージカル興行。まさに体力勝負である。湯浅さんは小柄で、一見体力があるようには見えないが、身体のどこかに小型原子炉が付いているのではないかと思うくらい、いまでもバイタリティにあふれている。

ところでウォール街の弁護士はどれくらい儲かるものなのか。

「プラザホテルでの興行には全米のみならずヨーロッパ各地から昼六〇〇人、夜六〇〇人のゲストを招きましたが、飛行機代もホテル代もすべて我々が負担しました。その点では日本の弁護士とは比べものにならない」

その後日本でテレビに出始める。

「最初は法律関係の真面目なコメントをしていましたが、そのうちいろいろ呼ばれるようになって、今度はそっちのほうに興味が行ってしまった（笑）」

麻布とは「二時間目のあとの早弁」の味

ウォール街を生き抜くうえで役立ったと思う麻布での学びは何か。

「麻布の友人たちがみんな自分より優秀だという安心と自信ですね。ウォール街は基本自己リスクですが、自己リスクというのは実は友達リスクなんで。それぞれに専門分野が違うから、お互いにお互いを信用して任せるんです。エベレストに登るときに、みんなで命綱をつなぎますよね。あれと同じです。誰か一人がへまをしたら全員が高層ビルから真っ逆さまに落ちるハメになる。友達に命を預ける覚悟がなかったら、ウォール街の弁護士は一日、いや一秒たりとも生きられません。その点私には、友人たちが自分より優れていることへの尊敬と、そういうひとが実在するという無限の楽天主義があるんです。それは麻布で得た感覚です」

ひとよりも勝ってやろうという競争心ではなく、それぞれに独自路線を進みながら、お互いを尊敬しお互いの期待に応えようとする心の持ちようといえばいいだろうか。

「それから、ユーモアを大事にするところ。ウォール街でも間抜けな人間的な怒鳴り合いとかしますよ。麻布もそうじゃないですか。でもそれも楽しんじゃうところが共通しています」

ウォール街と麻布は似ている？

「まったく種類が違うから比較は難しいのですが、麻布を知ってからウォール街に行ったほうが楽しめると思います。その逆じゃなくて」

というと？

「麻布に行ってからウォール街に行くとウォール街のシステムが手に取るようにわかる。つまりウォール街の想像すら超えているところに麻布がある。麻布のほうがめちゃくちゃ。だって、先生が『どうせ君たちは宿題しないんだろう』と言って、生徒たちも誰一人裏切らない。要するにボールを投げても誰一人跳ね返さないという信頼。そんな負の信頼関係で結ばれている組織はなかなかないですよね。個々がバラバラすぎて、結果的に見事に統一がとれているという」

バラバラすぎてまとまってしまうという逆説的な麻布生の性《さが》……。

「麻布って、あとで考えると正しいことを教えてくれたんだなと思います。卒業して三〇年くらい経つとわかると思いますよ」

三〇年経ってわかったこととは？

「うーん……。二時間目のあとの休み時間に食う早弁《はやべん》ほどうまいもんはない、ということ！」

え？

「二時間目の早弁の成功記憶が私の人生のビジネスモデルそのもので。まわりを気にせずガツガツ食って、吸収して、でも誰もチクるやつなんていなくて。むしろ友達と食うからうまいんです。誰も〝いい子〟にならない。だからそれが、お互いに命を託すということでもあって」

なるほど、これには世代によって若干の補足を必要とするだろう。「早弁の自由」が保障されたのは学園紛争のあとである。それ以降の麻布生にとって早弁はごく当たり前の行為であるが、湯浅さんの時代まで、早弁はリスクを承知で自分のスタイルを貫く行為であり、同時に周囲への信頼がなければできない行為でもあった。その両方からもたらされる高揚感が、一層メシの味を際立たせていたに違いない。

「誰も〝いい子〟になるやつがいない集団がいちばん強いんですよ。逆にいえばそれが日本社会の弱点です。すぐに〝いい子〟が出てきちゃう。コロナの時代がやってくるといわれていますが、予定調和的に考えたらきっとダメです。誰も〝いい子〟にならないで、好き勝手なことを言い合って、なんとなく決まっていって、誰の手柄でもない成功を社会として手にするというのがいいと思います」

湯浅さんの意図が飲み込めただろうか。まだ腑《ふ》に落ちていないなら、慌てず三時間目の授業中にじっくり咀嚼《そしゃく》してほしい。

第五章 ナンパサイボーグになってしまった社会学者

宮台真司（みやだい・しんじ）
社会学者、東京都立大学教授。一九五九年三月三日宮城県生まれ。一九七七年麻布高校卒業、一九八二年東京大学文学部卒業、一九八七年東京大学大学院博士課程修了、一九九〇年博士号（社会学）取得、一九九一年東京外国語大学専任講師、一九九三年東京都立大学助教授、二〇〇七年教授。

「援助交際」の実態を世に知らしめる

バブル崩壊と前後して、まず女子高校生が下着などを売るいわゆる「ブルセラ現象」が一九九二年から始まった。その後一九九四年に入るころから〝売り物〟が女子高校生自身になっていく「援助交際ブーム」がやってくる。

ブルセラショップが警察に摘発され、世間に驚きを与えたのが一九九三年八月。一九九六年には「援助交際」が流行語大賞のトップ一〇に選ばれた。ルーズソックスの流行や、教師と生徒の禁断の恋を描いたドラマ「高校教師」のヒットにも重なる時期だ。

当時この社会現象に切り込む気鋭の社会学者として注目を浴びたのが宮台真司さんだ。一九九三年九月に朝日新聞紙上で繰り広げられた「ブルセラ論争」で論壇デビューし、一九九四年には援助交際を行う女子高校生たちへの取材成果をまとめた『制服少女たちの選択』（講談社）を発表。女子高校生たちの倫理の崩壊を憂《うれ》う社会的な声に対して、日本社会の変容こそが原因であると訴えた。

それが当時援助交際をする女子高校生擁護の声にもとらえられたし、実際にそれから約一〇年後の二〇〇六年に発表された著書『制服少女たちの選択　After 10 Years』（朝日文庫）では、次のように回顧している。

そんなこんなの理屈を、全部踏まえて言うと、私は、夢と現実との間で引き裂かれた「援交第一世代」の女の子たちが気に入っていたのだろう。彼女たちの中に、夢と現実の間で引き裂かれた私自身を見出していたのだと思う。そこには明らかに自己肯定願望があった。

そのときの問題意識を今回宮台さんは次のように語ってくれた。

「社会に閉じ込められていく動きを感じてるなかで、つまりクソ社会化の動きを感じるなかで、必死に抵抗している感じがしたんだよね。当時の僕はこれを性的な問題とはとらえてなくて、最後の微熱が残った場所での最後の祭りだという感じがしていた」

しかし実は、援交ブームがピークを過ぎてから、宮台さん自身が鬱《うつ》に苦しむようになった。世紀が変わって鬱明けしてからの宮台さんの論調には視点の変化が見られる。自身の変化をこう振り返る。

「簡単に言うと『僕が経験した社会の劣化ってなんなんだろう?』ということが疑問になって。もともと国家権力や日本社会の権力の歴史を研究していた昔とった杵柄《きねづか》もあるので、そこは分析できるんじゃないかなと思っていろいろ作業するようになった。そこから先は比較的『社会』が主語あるいは目的語のものが増えてきたよね。それ以前は僕の目がひとに向きすぎていたんだなと思う」

現在は「感情の劣化」「言葉の自動機械」「法の奴隷」「損得野郎」「クズ」「ヘタレ」な

どという強烈なワードを用いて数々のメディアで「クソ社会」への警鐘《けいしょう》を乱打する。真意を理解していないと単なる口の悪いおじさんのように見えてしまうが、その背景にある膨大《ぼうだい》な知識と緻密《ちみつ》な論理をひとたび知ると、多くのひとが宮台さんに感染する。「伝染《うつ》るぞ危険」な現代の思想家の一人だ。そして私に言わせれば、宮台さんこそ麻布病の最重症化例である。

かつて「リア充」と「オタク系」は同一だった

宮台さんの著書にはたびたび麻布への言及がある。その麻布観は私の麻布観とも端的に重なる。前述『制服少女たちの選択』から引用する。

わたしたち分析スタッフ（ライズスタッフ）の一部は、七〇年代なかば、東京都内の私立進学校（麻布や塾高方面）の「道楽文化」のなかに、たまたま居合わせた。そこでは新人類的な「超先端ごっこ」をする連中と、オタク的な「超マニアごっこ」をする連中とが、あるいは同一人物であり、あるいはたがいに緊密な関係を結んでいた。

たとえばわたしがいた麻布では、アイドル（シェリー！）ファンクラブの会長、宮崎駿・大塚康生・高畑勲トリオの『太陽の王子ホルスの大冒険』上映会スタッフ、SF同好会のメンバー、六本木近辺で遊ぶ女たらし、バンドメンバーたちが、渾然としたネットワークを形成し、メンバーシップをダブらせたりしていた。この連中は、当時五〇〇万円近くという予算規模の文化祭に有名人を呼びまくり、周辺の都立進学校の垂涎の的（何せ文化祭予算が五〇万円以下だった）たる「港区先端文化」を形成していた。

要するに、昔の麻布生は、「新人類」（いまでいう「リア充」に近いニュアンス）と「オタク系」の一人二役をこなしていたが、次第にそれが分化したと。宮台さんはさらにその変化を社会全体の変化に重ね合わせ、大胆な仮説を提唱する。

一九八一年の田中康夫《たなかやすお》著『なんとなく、クリスタル』（河出書房新社）や一九八三年の深夜番組「オールナイトフジ」がブームになるなど、一九八〇年代に入ってメディアの表層が新人類文化に席巻された。しかしそこから取り残された者にとってそれは敷居が高く、一種の「救済コード」として機能したのが「オタク文化」だった。新人類文化とオタク文化はそれぞれにフォロワーを拡大し、それが対人関係が得意な人間と不得意な人間という人格類型の分化と重なるようになったというのだ。

私自身はまさにその分化が進んだ直後くらいの麻布に身を置いていた（一九八六年入学、一九九二年卒業）。

本書の卒業生インタビューの卒業年順の並びを見ても断層が確認できる。宮台さん（一九七七年卒業）までの卒業生たちは、一人が何役もの才能を持て余しながら生きているのがわかるが、第六章の伊藤羊一《いとうよういち》さん（一九八五年卒業）には未分化の葛藤が残存しており、第七章の千葉功太郎《ちばこうたろう》さん（一九九三年卒業）以降の卒業生は明確に一点突破型のオタク系キャラを武器にして生きている。

ずっと東大トップ一〇なのに一度も一位にならないわけ

宮台さんの麻布論については二〇一九年の拙著『新・男子校という選択』（日経プレミアシリーズ）にもインタビューを掲載させてもらっているが、あらためてそのときの宮台節を再構成してここに掲載しておく。

「早稲田や慶應には楽勝で入れるんで、それを背景にして、遊びと勉強の両方できるやつ↓遊びだけできるやつ↓勉強だけできるやつ↓両方できないやつっていう順番のスクールカーストになっていたんですね。なので麻布の中での上昇ゲームは外から見るとかなり過酷なものになります。定期考査の三日前でも前日でも部活を休まないやつっていうのがステージ的には高いので、結構いたわけです。そうすると結局、試験前日に先輩が『六本木行くぞ！』とかって言うんですね。『ちょっと無理なんだけど……』って思いながらそれに付き合わないとステータスがなくなるのが麻布のゲームなので、無理して付き合うわけです。その分、睡眠時間が短くなるし、試験で効率よく結果を出す方法を編み出す必要性にも迫られる。だから麻布生は他人の半分の時間でぶち抜く方法をそれぞれに模索するんですね。一般的な大学受験テクニックをまねるのではなくて、それぞれにオリジナルの方法を開発する。それが麻布のゲームの過酷さの一端です」

そこから先の宮台さんの考察を私なりに要約すると次のようになる。

麻布は、「教養主義」や「地位エリート」に対して「卓越主義」と「感情エリート」の学校である。「オルタナティブな上」あるいは「斜め上」を目指す。そこは勉強するだけでは追い付けないポジションである。

麻布という時点でダメでも早慶という安心感があり、「地位エリート」的な意味ではすでに飽和状態にある。だから勉強で地位を争うのとは違う、「人ができない遊びができるか」をめぐるスクールカーストができる。

一般的な進学校では、たとえば東大などの最難関大学の合格ラインに対して、ギリギリで受かるのではなくて、もっと上を目指せという力が加えられる。ときに自尊心を焚き付け、ときに不安を煽り、受験勉強のなかで油断しないように、とにかく上を目指させる。

それに対して麻布生は「この辺まで来てれば合格できるんじゃねー?」みたいな見極めを勝手に働かせる。そこそこの大学には入れるはずというある意味ズルい立場を利用して、それ以上大学受験勉強に無駄なエネルギーを使うのではなく、損得勘定や合理性の外に出るバカな経験を積むことができ、しかもそれが否定されるのではなく、少なくとも生徒の間ではリスペクトの対象となる文化が、麻布を麻布たらしめていた。

「この辺ぐらいまで来てればいいんじゃねー？」というラインを見極めて、余ったエネルギーを他所《よそ》にも配分するバランス感覚が麻布生の真骨頂である。

おおた　前回そういう話、でしたよね？

宮台　そうだね。

あえて余計なところにエネルギーを費やすことによって、各々の麻布生個人の中で文化的多様性が広がる。総和として学校の中にも文化的多様性が広がる。一方学業においては、最低ラインはクリアするけれど最上級を目指すわけではないので、結果として「戦後の中高一貫教育体制になってから一度も東大合格者数トップ一〇から外れたことがない唯一の学校なのに一度も一位にはなったことがない」という奇妙な歴史が積み上がる。こう説明できる。

宮台さんを論破した現役麻布生

関連して、傑作《けっさく》エピソードがある。

宮台さんが東大大学院の博士課程にいた一九八〇年代の半ば、麻布空手部の稽古に、先輩として参加することになった（宮台さんは空手部だった）。「少しでも勉強すれば東大に入れる実力があるはずなのに全然勉強してくれない。もっと勉強して東大を目指せと言ってやってください」という下心を抱く保護者からの依頼だった。

後輩に稽古を付け、そのあと食事に連れ立った。そこで宮台さんは本題を切り出す。

「お前らな、親が困ってんだよ。もっと勉強して東大に入れよ」

すると、現役生たちは笑い出した。そのうちの一人が自信満々に言う。

「一〜二時間勉強すれば東大だって楽勝で入れることは知ってるんですよ。でも、いまそれをやって東大に入るのと、その一〜二時間を別のいろいろなことに使うのと、どっちがいいと思います？　こいつは便利屋をやっていて、こいつはツバメ（年上の女性の愛人になっている若い男性の意）をやってるんすよ。この経験をベースに、仮に僕らが早慶に入ったとして、東大のやつらに負けると思います？」

これにはさすがの宮台先輩も返答に詰まる。

「いやぁ、わかんないけど……」

「じゃあ、なんで東大のために勉強しろと言うんですか?」

「お、親に、君たちの親に、言われたから……」

後輩に、論破された。

これが宮台さんの言う、麻布的「卓越主義」および「感情エリート」のふるまいである。そしてその対極にあるのが、宮台ワードの「感情の劣化」「言葉の自動機械」「法の奴隷」「損得野郎」「クズ」「ヘタレ」なのである。

良い子はまねしてはいけない言葉のオンパレードであるが、一方で宮台さんの言葉には魂がこもっているように感じられる。

今回のインタビューを経て、その理由がわかった。宮台さんの華々しい論壇活動の裏には、自身の止めどない感情の劣化と回復の物語があった。

麻布生よヘタレになるな!

一九五九年三月三日に宮城県仙台市に生まれ、京都で育った。父親が大手ビール会社のサラリーマンで転勤が多かったため、宮台さんは何度も小学校を転校している。小六の秋に父親が東京勤務になって中学受験を決めた。上海租界《そかい》生まれで奔放な性格の母親が、「自由そうだから」という理由で麻布を選んだ。

ただし宮台さんが麻布に入学したのは一九七一年。第二次学園紛争のまっただ中である。「中三になる一九七三年くらいまで学園紛争の後遺症が続いていたので、中学生のうち実際に授業を受けた時間は正規の半分あるかないかなんですね。だから僕らの学年はできが悪いと先生たちから心配されていました。でも蓋《ふた》を開けてみると僕らの学年の東大合格者数は当時の歴代トップを更新したんです。教員の意図や親の意図の貫徹という意味での教育の成功は、教育の失敗であるという逆説ですよね」

授業がないので、ジャズ喫茶に出入りしたり、アングラ芝居を見に行ったり、プログレロックや実験ロックといった当時最先端の音楽を聞いたりしてすごした。空手部では先輩から同性愛的に愛撫《あいぶ》の仕方を仕込まれたりもした。当時一万人以上の規模を誇った「ブラックエンペラー」という暴走族の副総長が在学しており、彼のバイクの後ろに乗って校舎内を疾走したこともたびたび。「鉄下駄禁止」「授業中の出前禁止」の不文律に「校舎内でのバイク禁止」が加わったという。

「僕が麻布的な経験をひとに話すときにいちばん伝えたいのは、やっぱり人間って、合理性の内側にいればつまらないヘタレになるっていうことですよね。ノイズ耐性も減るし、計算不可能なものを怖がるようになるし、枠の中でしか行動できなくなる」

ここで宮台さんが言うヘタレとは、システムに頼って生きていこうとするひとたちのこと。システムの外に出るのを嫌う。

「ヘタレであることは必ず自覚されるので、地位エリートであっても自分に対するダメ意識をもっている。だから既存のシステムにしがみつくし、ダメ意識への埋め合わせとしてシステムの外のものを執拗《しつよう》に叩く」

ヘタレが大量出現した背景の一つにインターネットの存在が無視できないと宮台さんは指摘する。インターネットの出現により社会のタコツボ化が促進された。社会全体が見えなくなる。あるいは全体という概念すらわからなくなる。さらにシステムに頼りすぎるために、システムの外つまり法の外や言葉の外の世界に対する感受性を失う。人々の感情が劣化すると、社会全体も急速に劣化する。

その状況を宮台さんは「荒野」と表現する。そのうえで、荒野で生き延びるために必要なのは、強い意志と仲間であると宮台さんは説く。

「荒野」という言葉から想起されるのは「ＡＫＩＲＡ」（一九八八年）や「マッドマックス２」（一九八一年）などの映画に描かれる世界である。どちらも核戦争後の荒野が舞台で、そこに生じた絶対的権力システムとそれに従属することでしか生きられないヘタレたちがディストピアを構成していて、そのシステムに抗《あらが》い戦いを挑むアウトローが主人公という構図だ。

主人公は、強い意志と仲間の存在に支えられ、荒野を生き抜く。特に「ＡＫＩＲＡ」の舞台は「二〇二〇年東京オリンピック」前夜の荒れ果てた東京であり、現在の状況にピタリと重なる。映画と現実との違いは、社会の荒廃をもたらしたのが「原子爆弾」による一瞬の閃光《せんこう》ではなく「インターネット」の漸次的《ぜんじてき》広がりだということだ。ただし、どちらも人類の叡智《えいち》であることに変わりはない。

現実ではさらに、新型コロナである。

「この前僕がラジオで言ったのは、せっかくロックダウンして街からひとがいなくなったんなら、新宿でも渋谷でも青姦《あおかん》しろよって話です。だって世界中が廃墟《はいきょ》だよ。『AKIRA』的な風景の中で、世界の終わりに二人だけでセックスしてるって、最高にロマンチックなシチュエーションじゃないか。本当にやるかどうかは別にして……、と断っておくけど、少なくともそういう感受性をもっていてほしい」

麻布の不文律に新しいのが加わらないことを祈る。

麻布は極端な演技空間である

「で、実は紛争が収まっても僕は学校に戻ることができなかったんですよ。高校生になっても純粋に授業をサボってました。それで文句を言いそうな先生にはウィスキーのボトルを持って行ったり（笑）」

本気の買収というよりは、高校生なりに背伸びをしたシャレのつもりだろう。

「麻布って授業に出ているやつらも授業聞いてないじゃん。授業中に紙麻雀とか花札とかコントラクトブリッジ（トランプゲームの一種）やってるか、弁当食べてるか、寝てるかで。ときどき授業に出ても、僕はいつも後ろのほうに座ってSFの話とか映画の話とかをしていた。一九八〇年に教育実習に行ったけど、やっぱり半分は寝てて、何も変わってないなコイツらと思った」

しかし社会科の教員だった氷上信廣さんの影響は大きかった。エーリヒ・フロムを含めたフランクフルト学派の本を読めだとか、高橋和巳《たかはしかずみ》や埴谷雄高《はにやゆたか》を薦められて、「両者の違いをよく考えながら読み進むんだ」と言われたり。彼に薦められた吉本隆明《よしもとたかあき》や廣松渉《ひろまつわたる》は、のちの宮台さんの思想形成に大きな影響を与えた。

「振り返ると、麻布ってひと言で『演技空間』だったよね。いろんな人間が演技してるんだよ。東大でも『テストなのに全然勉強してないや』という演技はあった。でも麻布は極端だよ。だからいま思えば、『ひとは見かけによらない』ということを経験したよね。麻布時代すごいなと思ったやつが大人になってから会うと意外とちっちゃなやつだったことがわかったり、逆にコイツこんな深いやつだったのかってことがわかったり」

勉強もできて、遊びもできる役柄を演じるためにみんな必死だったという。

「でもみんな高三になると急に勉強しはじめるでしょ。そのころ僕はジツリキ（実力考査）で二〇番から三〇番にいて、問題なく東大に入れると思われていたんだけど、地元の子に恋をして、最終的には一四〇番くらいまで落ちちゃった。そうなるとちょっと現役では難しいよね」

しかも宮台さんは高三で文転している。

「現役時代も浪人しても毎週末オールナイトで映画を見ていたからね。一年間で二〇〇本以上見ていた。僕は映画監督かドキュメンタリー作家になりたかったんだよ」

一浪で東大文Ⅲに入る。

「でもやっぱり駒場（一～二年生が通うキャンパス）の授業にはほとんど出てない。映像文化研究会という映画サークルで映画を見るかつくるかという生活をしていました。点数を付けてくれなさそうな先生のところには、今度はブランデーを持って行って（笑）」

文学部社会学専修課程に進んだ。映画監督やドキュメンタリー作家になるうえで少しは役に立つかなと思った程度の理由だった。

「社会学そのものに興味はなかったんですが、氷上さんのもとでフランクフルト学派などのめぼしいものはたいてい読んでいたから、ゼミの議論でもうまくリードする側に立てました。それなりに向いているんだろうなとは感じました」

このあと本郷キャンパスを舞台にした性愛スペクタクル的エピソードが続くが、ここで書ける話ではないので割愛する。

早々に卒論も書き終えて、大学を卒業したらそのままどこかに就職するつもりだった。しかし女性関係のトラブルで就活を中断せざるを得なくなる。どうしたものかと考えていたときにたまたますれ違った教員に「宮台、大学院に行くという手もあるぞ」と教えてもらった。もともと大学院に行くつもりなど一ミリもなかったが、就職浪人するよりはましだと思った。

社会学では珍しい博士号を取得

大学院で「感染」した。橋爪大三郎《はしづめだいざぶろう》という一三歳上の先輩と、同い年で学年は一個上の大澤真幸《おおさわまさち》という先輩と出会い、感激した。

「橋爪さんがつくった言語研究会というすごく高度な研究会があって、学部時代から顔を出していたんだけど、最初はちんぷんかんぷんで。でも一年頑張れば慣れてくると言われていたのでなんとか一年頑張ったら大学院に上がったころには本当に議論についてけるようになって。それから、これも学部時代に橋爪さんに誘われて、小室直樹《こむろなおき》ゼミナールにも入ったら、小室先生があまりにも面白いひとで、これまた感染した」

映画監督やドキュメンタリー作家という目標はすでに遠のいていた。

「かといってアカデミックポストのために勉強するとかあり得ないし、結構途方に暮れてました。当時塾講師のアルバイトをしていてそれなりに稼げていたから、一生塾講師でもいいかなと思ったし、僕ちょっとヒモ体質なんで、すべて女性におごってもらってたから、なんとかなるかななんて」

そうこうしているうちに「スター院生」ともてはやされるようになる。そのまま博士課程に進む。でも迷いがあった。

「社会のことを何も知らないのに社会学のスターみたいにいわれることにものすごく違和感があったし、同じように社会のことを何にも知らないのに社会学者になろうとして大学院に行くやつらにものすごく違和感があった」

いわゆるコンプレックスである。そのコンプレックスを中和してくれたのが学部生時代に仲が良かった岩間夏樹《いわまなつき》さんだ。ドキュメンタリー企画の構成台本をつくる会社を起業するのでいっしょにやらないかと誘ってくれた。実社会経験を積みながら社会学ができるのならいいかと自分を納得させた。大学院生と会社員の二足のわらじを履くことになった。

博士課程では吉田民人《よしだたみと》さんという先生の研究室に所属する。就職をあきらめたときに「大学院に行くという手もあるぞ」と声をかけてくれた教員だ。「俺の研究室に来い」と声をかけてくれた。

その吉田さんが研究室の椅子に宮台さんを座らせて言う。

「これから三年間、数理社会学者のふりをしろ」

「はっ？」

「宮台、お前ははっきり言ってイロモノだ。好きなことをやってたら絶対にポストはないが、本気になって数理社会学者のふりをしてくれれば、お前なら博士号が取れる」

「いや社会学の博士なんて誰もいないじゃないですか」

「でもお前なら取れるんだよ。騙《だま》されたと思ってやれ」

言われるがままにやると、本当に博士号が取れた。

感情が動かないナンパサイボーグ

「そこは吉田先生の言うとおりだったし、すぐ東大の助手にもなれて本当に感謝なんだけど、すごいストレスだったのよ。数理社会学なんて面白くもなんともなかったの。国家権力の構造を数理的に記述するという僕なりに面白いことを見つけ出してやっているつもりなんだけど、ストレスは否めなかった。数理社会学なんてはっきりいって社会に関係ないし。社会知らないやつらが社会学なんてやりやがってっていう違和感も依然として強かったし。そのストレスのせいで僕はナンパ師になっていくんですよ」

博士課程に上がった翌年から本格的にナンパを始める。

「八〇年代は天国でした。損得勘定を抜きにして、瞬間的に心が通じる感じが味わえた」

アイドルの卵と付き合って芸能界の枕営業の話を聞いたり、風俗嬢と付き合ってその界《かい》隈《わい》のしくみを教えてもらったり、リアルな社会の裏側を知ることもできた。

「でも、僕の主観的な理解では、一九九〇年代に入るくらいから急速に劣化していくんです。声をかけるとお金を要求してくるようなひとが増えた。一方で、自分の問題も大きかった。高偏差値系の男性がナンパ師になる場合って、ほとんど初恋の失敗経験がきっかけです。もっといい女をゲットしてやろうみたいな強迫観念が原動力だったりするんですよ。ところがそこでミイラ取りがミイラになっちゃう。常に初恋のひとと新しい女性を比べてあれも違うこれも違うってやっているうちに、だんだん感覚が麻痺《まひ》していくんですね。僕の場合も初恋の失敗がありました。それで、社会の劣化よりも先に自分の感覚の鈍麻《どんま》が深刻になっていって……。ナンパを始めて二年くらいしたころから自分が無感動になっていくのがわかりました。嫉妬《しっと》という感情すら機能しなくなるんです。ナンパをしすぎて感情を失っていくなんて、俺は何をやっているんだ！　という気がしてきた」

サングラスとレザーコートで武装し渋谷の街を夜な夜な闊歩《かっぽ》する。機械的にナンパはするけれど、感情は動いていない。「ナンパサイボーグ」になってしまった。

援助交際女子高校生たちとの出会い

ストレスをやり過ごしながらなんとか博士号を取得し、東大助手を経て一九九一〜九二年の二年間は東京外国語大学（以下、外語大）で専任講師をする。

ナンパで知り合った女子高校生が、しばらくして援助交際していると打ち明けてきた。興味を感じた宮台さんは、外語大の学生のつてを頼って実際に援助交際を行っている女子高校生グループへの接触に成功。感情が劣化していて動かないからこそ、客観的に援助交際当事者への取材ができた。

「感情の劣化の悪循環というナンパ地獄の中で苦しんでいるときに、やっと面白いネタを見つけたと思った。渋谷の喫茶店で初めて女子高校生たちの話を聞いたとき、軽いトランス状態になった。当時援助交際のことなんて巷《ちまた》では誰も知らない。でも彼女たちは『この辺に歩いている子たちはみんなやっていると思うよ』とあっけらかんとして言う。それを聞いたとき『俺が見てる渋谷の街って何だったんだ？　本当の渋谷じゃなかったのか！』って思ったら、軽いトランス状態になっちゃったの。それって面白いじゃんと思って、社会学的な活路が見えてきた」

女性トラブルで就職をあきらめ無目的に大学院に進んだところ、博士号は取れたもののそれと引き換えに感情をなくしたみじめなナンパサイボーグになってしまった。しかしそういう世界を見てきたからこそ援助交際というテーマに出会うことができて、ナンパで培ったコミュニケーションスキルをフィールドワークに応用することもできた。それが華々しい論壇デビューにつながる。人生何がどこにつながるのかわからない。

だが、一九九六年の夏に援助交際のフィールドワークをやめる。

「援交少女たちのゾーンが変わったんです。初期援交はイケてるリーダー層がやっているものでした。それがだんだんフォロワー層にも広がっていき、しまいには自傷系になっていった。誰にも話さなかったことを取材で打ち明けることで、恋愛関係だと勘違いする子が増えた。これは危険だと思ってフィールドワークから撤退します。そしてまた僕は居場所をなくすんだよね」

鬱が明けて見えてきた自分の課題

そこからまたメンタルがどんどん落ちていく。一九九八年にはとうとう寝床から起きられなくなった。

「ちょうど冬休み期間でした。『朝生（田原総一朗が司会する深夜討論番組）』に出演したあとに、内容がくだらなすぎると思ったのをきっかけにメンタルが落ちて、そこから約三カ月間、起きられなくなった。でもよく覚えていないんだけど、ある日突然起きられるようになって、よく沖縄の離島に通うようになりました。当時の沖縄にはまだ微熱感が残って

て、それが僕の回復には良かった」

気力を回復してから、「僕が経験した社会の劣化ってなんなんだろう?」という疑問を

テーマにして、「社会」を主語や目的語にした方向性にシフトしたことは前述のとおり。

「一九八七年くらいから感情が動かなくなっちゃって。いまから振り返ると、本当は手放

しちゃいけなかった本当にいい子ってたくさんいたと思うんだよ。でも僕は何にも反応で

きなくて……。鬱が明けてから、女の子たちにすごく悪いことをしたなって、ずいぶん昔

の話なのに自分を責めるようになったんですね」

この話をしているとき、宮台さんの表情が変わった。

「思いを託してくれるというか、そういう女の子がちゃんといたのに、僕の感情が動かな

くて……(沈黙)。残念なことをしちゃったなという思いだったし……。あー、これは他

にもすでに書いているし、もう読んでもらっていると思うから言うけれど、鬱になった直

接のきっかけは、告白されて断った教え子の自殺なんです」

教え子との間に何があったのかについてはここでは割愛する。

「彼女は超優等生で、告白してきたのは当時の大蔵省の内定をとったあとだったけれど、僕の授業がきっかけで夏休みにデートクラブで働いて世の中のもう一つのリアリティを知ってしまったわけ。それでおそらく彼女の中でゲシュタルト崩壊が起きたんだと思う。僕が初めて援交少女たちと話したときにゲシュタルト崩壊を経験したのと同じように。もし僕と近いところにいれば、二つのリアリティを生きられると思ったんじゃないかと思うんですよ。でも当時の僕には知恵がなくて、彼女の事情がわからなくて……。それが鬱明けしてから考えるべき材料になった。そういう意味で一九八七年から鬱で沈むまでの一〇年ちょっとの時間というのは、僕の感情の歴史のなかでは結構重要な修行期だった。このときに考えるべきことがいっぱい埋め込まれた気がしますね」

クズとかヘタレとかいう表現をよく使うが、もしかして、過去の自分に向けている？

「そうです」

普段は見られない宮台さんの一面を垣間見た。私の中でもゲシュタルト崩壊が起きていた。

付録二

半世紀消えない学園紛争の傷

民主的に合意に達した第一次学園紛争

「革命」の瞬間を語るとき、「英雄《ヒーロー》」の表情は暗かった。それを見て、私は自分の浅はかさを悟った……。

「革命」とは、麻布が一九六九年から一九七一年にかけて経験した学園紛争を指す。当時、全国で高校紛争が起き、そのほとんどが説得あるいは鎮圧される形で終わった。生徒側が「全面勝利」した希有《けう》な例が麻布の学園紛争である。

「英雄」とは、麻布の学園紛争において、学校と対峙した生徒の一人である。ここでは仮にAさんと呼ぼう。学園紛争の最中、生徒たちの投票によって公的に議長団に選ばれた。

麻布生は、入学すると早々に創立者・江原素六の人生、そして学園紛争についての話を聞かされる。学園紛争を戦った先輩たちを英雄だと思い、いつか直接会って話をしてみたいと思っていた。とうとうそれがかなったわけだ。

六〇代半ば。背丈はさほど高くはないが、眼光は鋭い。校史『麻布学園の一〇〇年』をめくりながら「これが私です」と苦笑いする。一九七一年一一月一三日の全校集会でマイクを握る山内一郎校長代行のすぐ背後に立ち、全校生徒の前でこわばった表情を浮かべる長髪の青年こそ、高三時のAさんである。

Aさんは五〇年前を思い出しながら、重い口を開き始めた。

時代は「七〇年安保闘争」の最中。一九六九年一月の東大安田講堂事件、それにともなう東大入学試験の中止など、大学紛争の影響が高校にもおよんだ。中核派や革マル派などいわゆる「セクト」の流れをくむ「反戦高協」「反戦高連」といった高校生組織まで出現した。麻布の一部生徒にもその息がかかった。

麻布の中にも政治色が強まるなか、当時の藤瀬五郎校長は対話路線を貫いた。

「藤瀬校長はものすごくジェントルマンでしたよ」（Aさん、以下同）

しかし一九七〇年二月一一日の建国記念日に、闘争統一実行委員会（以下、統実委）を称する生徒たちが麻布の中庭から出発するデモを計画。藤瀬校長がそれを認めなかったため二一日、生徒たちが校長室を占拠した。Aさんは当時高一だった。

「私はセクトには入っていませんでしたが統実委には参加しました。ただし校長室占拠という暴力的なやり方には最後まで反対しました」

事態収束のために全校集会が開かれた。

「反戦高協と反戦高連というのは要するに中核と革マルなのですが、全校集会では彼らがいっしょに壇上にいました。そんな雰囲気の中で統実委と生徒協議会（生徒会の代議機関）と学校による話し合いがもたれ、そこで確認されたことはとても意味のあることだったと思います。要するにすべての活動は政治活動を含めて基本的に自由だと。しかし、学校の中でのことにはルールが必要だと。そのルールはみんなで話し合って決めなければならず、ルールを破った場合にも単に処分するのではなく、何らかの折衝《せっしょう》のような形をとって解決しなければならないと。当時全国の高校で紛争がありましたが、あれだけ民主的な合意にこぎつけた例は珍しいと思います」

合意は「意志の集約」という形にまとめられ、藤瀬校長は混乱の責任をとる形で辞任した。麻布では一般に、ここまでを「第一次学園紛争」、ここからを「第二次学園紛争」と呼ぶ。時期としては連続しているが、局面が変わる。

麻布の中から生まれた怪物

「どうやら藤瀬校長に辞任を迫ったのが理事会の山内一郎だったようです。忘れもしない高二の始業式に、山内が校長代行を名乗って生徒の前に現れました。兄弟なのか親族なのか、変なひとたちが彼を取り囲んでいました。まあ、すごかったですよ、雰囲気は。生徒たちが騒ぐと『黙れ!』と恫喝《どうかつ》して、取り巻きも生徒に怒鳴りつけるわけです。生徒たちも『ナンセンス!』なんて応酬して、始業式は騒然となりました。そして藤瀬校長時代に全校集会で確認したことをぜんぶ反故《ほご》にすると宣言したのです」

山内は教員免許をもっていなかったため「校長代行」という肩書きで実質的に校長の地位に就いた。実は山内も麻布の出身で、同窓会から理事に加わり、同窓会の支持を背景に理事長兼校長代行に選任された。いわば麻布の内部から生まれ出てしまった怪物だ。

思想統制、恐怖政治が始まった。校内での集会は届出制になった。生徒たちが数人集まって話しているだけで「何を話しているんだ」と問いただされた。

さらに山内は、自分の気にくわない教員をクビにした。一方で半ば公然と縁故入学を認めた。麻布を私物化し、独裁者としてふるまった。

「山内の嫌がることをやってやろうと思って、毎日届出して毎日研究会を開きました。政治的なものではなくて、単なる研究会です。宮沢賢治研究会、般若心経《はんにゃしんぎょう》研究会、現代思想史研究会とか」

そのたびに山内に呼び出された。「変な方向にもっていくんじゃないぞ」などと釘を刺されたが「アカデミックな勉強会です」と言い抜けた。

「正直、怖かったですけどね」

教員の態度も二分した。山内の武断政治を歓迎する教員がいた一方で、彼に対抗しようとする教員たちは組合を結成した。

このころ麻布の校内で「内ゲバ」も起きていた。

「実際は内ゲバなんてものではなく、ただのリンチでした。屋上で、反戦高協の連中が反戦高連の二人をよってたかって。私はノンセクト・ラディカルを自認していましたから、止めに入りました。そうしたら反戦高連の二人が言うんです。『Aくん、もうかまわないでくれ。キミたちまでやられてしまうから』って……。彼らは理論派で、穏やかなやつらだったんです。でも結局学校に来られなくなりました。卒業できたのかどうか……。わかりません。ですから私は、セクトに対するものすごい怒りというか、こんなやつらといっしょでは本当の革命なんてできないと思っていたんですね」

機動隊が生徒たちをごぼう抜き

学校は荒れたが、山内はさらなる強硬姿勢で押さえつけようとした。一九七一年の文化祭で緊張がピークに達する。

「一〇月三日、竹槍を持った武装突撃隊が文化祭に突入してきました」

セクトと関係をもつ一部の過激な連中だった。約二〇人。すでに麻布を退学になった元生徒も含まれていた。その情報は事前に聞いていたので、Aさんは信頼のおける友人を集めて「彼らに加担してはならない。本当の意味で麻布が自治を取り戻すためには、もっと違う動き方をしなければならない」と説得した。

「最初、一般の生徒は彼らを遠巻きに見るだけで近づこうとはしなかったんですよ。その様子を見て、私は胸をなで下ろしました。ところが山内が警官隊を校内に入れてしまった。それで一般生徒も激高してしまったわけです。仕方ないから私たちもわーって出て行って警官隊を追い返しました」

文化祭の中止が通告されたが生徒たちは後夜祭を断行し、これが討論集会になった。翌四日は臨時休校。緊張のなか、五日には体育館で生徒約五〇〇人と教員三人による討論会が開かれた。生徒たちは山内の出席を求めたが回答はなく、昼過ぎには約二五〇人の生徒が中庭に移動し、座り込みを始めた。

すると、一六時三〇分ごろ、学校は機動隊に包囲された。警察車両のスピーカーから「不法な集会をやめなさい。五時までに解散して校外に退去せよ。退去しなければ警察官が実力で排除する」との宣言があった。声の主は山内本人であった。

一七時二〇分を過ぎると、宣言通り機動隊が中庭に進行した。抵抗せず沈黙して迎えるようにと、約二〇人の教員が生徒たちに訴えた。そして翻り、機動隊と生徒たちの間に立った。

「根岸隆尾《ねぎしたかお》先生（のちの第八代校長）とか、M先生とかがスクラムを組んで、こうやって私たちを守ろうとしてくれて……。いまでも何か、涙が出てくる」

Aさんは当時を思い出し、声を詰まらせる。

「結局みんな機動隊にごぼう抜きされていくわけです。でも機動隊のひとたちも『もう大丈夫だよ』『よくやった』なんて声をかけてくれるんです。彼らだって、『なんでこんな子どもたちに実力行使しなくちゃいけないんだ』って思ったでしょうからね。そんな高校生たちの様子を見て、中学生なんかはみんな泣いていてね……」

約四〇日間におよぶロックアウト

一〇月六日は代休。七日から「当分の間の臨時休校」となった。無期限の「ロックアウト」だ。この時期ロックアウトが行われた高校はほかにもあるが、義務教育である中学校までもがロックアウトされたのは全国でも麻布だけだったといわれている。

学校には入れない。そこでAさんは高三のクラス討論会を企画する。それがたびたび行われた。各クラスの代表はクラス議長と呼ばれた。

「全学年でやってしまうとそこにセクトがやってきてアジテーションを始めてしまうので、クラス単位でばらばらにやろうと提案しました」

しかしこのままでは高三が全員単位不足で卒業できない。そこで学校側は、専門学校の教室を借りて、高三だけでも授業を受けさせようとしたが、生徒側は「だったら学校を開けるのが筋だ」と反発。専門学校の教室で授業の代わりに集会を開催した。「学外授業に反対。ロックアウトを解除せよ。高三の学年集会に校長代行が出席せよ」という要求三項目を決議して高三の一九九人が署名した。

一一月一二日、市ヶ谷の私学会館で高三の学年集会が開催され、そこには山内も出席することになった。Aさんをはじめとするクラス議長たちが議長団として集会を取り仕切る。

「山内の部屋に呼び出されて、『ちゃんと正常な議論ができるようにしろ』とか事前に言われました。『はい、わかりました』とその場では言いますけれど、実際の集会では『江原素六先生は、いかなる生徒も処分しなかった。生徒を処分することに関して、先生はどうお考えですか？』なんて明らかに中立性を欠く進行をしました。偏向議長ですね（笑）」

しかし議論はかみ合わない。

「なんとか全校集会開催にこぎつけたいが、このまま話し合いを続けても時間切れになるだけ。ここで私はものすごく嫌なことをしました」

まもなく時間切れになるとみるや、Aさんたち議長団は解散宣言をした。するとセクト関係者を含む納得できない連中が壇上に来て山内をつるし上げ、実力行使で翌日の全校集会開催の約束に署名させてしまった。

「実は私たちはその展開を予想していました。彼らのことをある場面では否定し、ある場面では利用したわけです。幼なじみたいなやつらのことを利用するというか、まあひどいときには切るというようなことを、やったわけですよ。精神的にはかなり苦しい。こういう立場だったのは私の仲間だけだったと思います」

一一月一三日、約四〇日間におよぶロックアウトが解除され、全校集会一日目が開かれた。Ａさんは議長を務めた。

「私が願い追求したことは、ただ一つです。『山内という人物が麻布教育の破壊者であり、麻布の文化を取り戻すためにはこの人物に退陣してもらうしかない』ということをみんなにはっきり理解し納得してもらうこと。そのために、自分の総力を傾けて、次から次へと多角的な質問を投げかけ続けて、さらに多くの生徒の有意な質問を引き出し、その返答ぶりによって、山内という存在を、あらゆる面から徹底的に明らかにして白日《はくじつ》のもとにさらけ出そうと努めました」

二日目は雨が降っていた。

「これはまずいなと思いました。みんなが傘を突き立てたりしたらどうしようと。私たちは一応議長団だから、もし暴動が起これば山内を守らなければいけません。でも朝から何やら不穏なムードがありました。そうしたら案の定、セクトの生徒が現れて、アジテーション演説をしたわけですよ。逆にしらける生徒もいて『うーん』という感じになったのですが、彼が学校を出たあと、有栖川公園で逮捕されたという情報が伝わってきました。それでもう生徒たちは全員激高してしまって、収拾不可能となりました」

立場上集会の正常運営の責任を負うAさんら議長団は、スクラムを組んで山内を守ろうとしたが、激しいもみ合いになった。議長団は「正常な議論はもうできない」と宣言。興奮した生徒たちは山内の眼鏡を割り、ネクタイをもみくちゃにした。しばらく抵抗を続けた山内だったが、とうとう目を閉じマイクを取ると、「私は今日限り辞めます」と言った。

革命の瞬間だった。「勝ったぞー。勝ったんだ!」「バンザイ!」。グラウンド全体に歓声が響き渡った。

結局最後は暴力なのか……

と、ここまでが、一般的に知られている麻布の学園紛争のハイライトである。しかしまさにこの瞬間、Aさんはとてつもない無力感に襲われていた。

「結局最後は暴力でことがなるのかなっていうね。自分としてはちょっと絶望的な気持ちになりました」

達成感はまるでなかった。むしろ敗北感に打ちのめされていた。

「高三の学年集会のときと同じように、結局は暴力を利用したんですね。自分たちの手は汚さずに……。私自身もつらかった。でも特に後輩から『Aさんは汚い』と言われたことなんかは、ものすごい傷として残ったんですよ。『彼ら（セクトの連中）のほうが純粋だ』って……。最後までいっしょに戦った同志の名前も、いまでは一人しか思い出せません。無意識的に忘れようとしているんだと思います」

五〇年前の革命がなければいまの麻布はきっとない。いまの麻布にもし一般的な進学校と違う部分がなんらかあるとするならば、この経験の有無によるところが大きいはずだ。しかしその渦中にいたAさんは、いまも当時の葛藤から抜け出せずにいた。その苦しみを知らず、私はAさんらのことを「英雄」に祭り上げていたのだ。不覚であった。

のちに、当時の金額で二億五〇〇〇万円もの学校の資産を山内が横領していたことが、発覚している。一般的には「あとからわかったこと」とされているが、Aさんは学園紛争の最中にすでにそういう噂があったと証言する。

「山内はもともと不動産関係の会社の社長で、ホテル経営などをしていたようです。要するに資金繰りに困っていたんでしょう。代議士として立候補したこともあったようですが落選して。それで麻布に目をつけたようです。それにしても、山内という、教育者の香りを少しももっていない人間がね、代行とかいう名称であったとしても、一時的に麻布の最高管理者の立場に立ってしまったわけです。彼に全権を委任してしまった理事会に対する怒りもありました。麻布という学校が好きだったから」

Aさんは浪人して大学に進んだ。

「麻布の教員ってみんな研究者か研究者崩れでしょ。だから授業がすごく面白かった。職員室には知的なけだるさが漂っていて、あれが良くて私も教員になりましたが、間違いでした。あんな雰囲気のところ、なかなかないんです」

その強い正義感、そして心の傷、大人への不信感……、それらを抱えて自分自身が大人になっていくことは相当につらかったのではないか。

「大学に入ってからもしばらくは主義主張をもっていました。しかし就職するころにはそれを捨てようと決めました。これからは受験教育というものに、自分は手を汚すんだ、手を汚してやると思いました。でも、最初に就職した学校では当時体罰も当たり前に行われていて、それにはとても我慢できなくて、組合をつくろうともしました……。そういう主義主張は捨てたつもりだったんですけどね」

自ら定めた規律に従うときにのみ、自由である

紛争終結後、山内派だった教員は大量に退職した。代わりに団塊世代の若い教員が大量にやってきた。彼らが紛争後の新しい麻布の自由を形作っていった。

現在の平秀明校長は、Aさんが卒業した翌年の一九七三年に麻布に入学した。その年の七月にも授業料値上げに反対する生徒約三〇人が校長室を占拠してバリケードを築き、一学期の期末試験が中止になるなど、まだ紛争の余震は続いていた。

江原素六というロールモデルと山内一郎という反面教師の両方の存在があったことで麻

布の自由は先鋭化し、「誰かに定められた規律によらず、自ら定めた規律に従うときにのみ、自由である」という理念が確立した。さらに、生徒のみならず教員もまた自由を体現し享受《きょうじゅ》する主体であることが共通の意識になった。その意味で、山内の出現は、麻布にとって単なる悲劇などではなく、新制麻布が江原の目指した理想の学校にさらに近づくためのフランス革命的試練だったといえる。

しかしそれは、紛争のなかで学校を追いやられた生徒たちや、五〇年を経ても消えないAさんの心の傷という犠牲のうえに成り立っていることを、麻布関係者は肝に銘じておかねばならぬだろう。

このような経緯から、麻布には現在でも同窓会組織がない。その消極的事実がいまも麻布に学園紛争のリアリティを伝えている。一方で、「真の主体性に根ざしていない」として紛争直後に生徒協議会が消滅してから、いまに至っても生徒による自治機関が成立していないという事実も忘れてはいけない。

第六章

ミスチルを超えた！・遅咲きのプレゼンの神

伊藤羊一（いとう・よういち）

ヤフー株式会社コーポレートエバンジェリスト　Ｙａｈｏｏ！アカデミア学長、株式会社ウェイウェイ代表。一九六七年三月一六日東京都生まれ。一九八五年麻布高校卒業、一九九〇年東京大学経済学部卒業、日本興業銀行入行、二〇〇三年プラス株式会社入社、二〇一五年ヤフー株式会社入社。

［麻布卒業後の伊藤さんの人生のあらすじ］

東京大学在学中はバイト、バンド、デートのくり返し。政府系の銀行だと思って受けた日本興業銀行に入行するも鳴かず飛ばずの日々をすごし鬱に。金髪にし、組織に抗う銀行員を気取るもまわりからは痛々しい視線を浴びせられる。事務用品メーカーのプラスに転職後、ビジネススキルを高めるため、グロービス経営大学院（ビジネススクール系の大学院）やソフトバンクアカデミア（孫正義《そんまさよし》さんの後継者を見出し育てる学校）に参加。後者では怒濤《どとう》のプレゼンで孫正義さんをうならせ、国内ＣＥＯコースで年間一位の成績を収める。ビジネスマンとしては東日本大震災でようやく覚醒《かくせい》。そこから人生爆上がり。ヤフーに転じ、社内の次世代リーダー育成事業に関わる一方、グロービス経営大学院客員教授としても教壇に立つ。また、個人として株式会社ウェイウェイを創立し、企業のメンター、アドバイザーを務める。著書『1分で話せ』（SBクリエイティブ）が四〇万部を超えるベストセラーとなり、現在「プレゼンの神」として講演に引っ張りだこ。遅咲きのビジネスパーソンとしてようやくたどり着いた「FREE　FLAT　FUN」のキャッチフレーズは、「な〜んだ、回り回って麻布そのものじゃん！」と、割と最近気づく。

——どんな子どもでした？

自分で言うのもなんですが、勉強がえらいできたんですよ。三つ上の姉貴が家で親と勉強しているのを横で見ていて、常に三学年先のことをインプットしていったっぽいんですよね。四谷大塚に行ってみたらいきなり一番上のクラスに入れられて、「じゃあ、やってやるか！」って感じで中学受験勉強を始めました。

一番上のクラスにいると国立だとか御三家だとかを狙うらしい。でもガキながらに国立って官僚っぽい気がして嫌だなあと。いまからするとその感覚はなかなかに正しい。結局国立も受けて、落ちたんですけど（笑）。

武蔵は自由でほのぼのしていていいという印象があったんですが、自宅からは遠かった。じゃ開成か麻布の二択だと。麻布は不良の巣窟というイメージがあって親は開成を希望していたようなのですが、僕はガキのころからレジスタンスとかそういうのになんとなく憧れがあったので、麻布を希望しました。

そのころちょうどどこかの文庫本に、麻布生が書いた私小説みたいなものがあったんすよ。タイトルがどうしても思い出せないんですけど。麻布の文化祭とかほろ苦い失恋のこととかが書かれていて、それに憧れたってのもありましたね。

そうそう。それで、過去問やるじゃないですか。クリップの写真があって、「これの使い道を書きなさい」って問題とか出てたんすよ。なんかね、そういう問題っていいなって思いました。開成の問題は四谷大塚の模試みたいで好きになれませんでした。それが決定打ですよ。麻布の入試問題っていまでもときどきネットで話題になるじゃないですか。**あいう問題が出されたときに「いいね！」と思うか「何だこれ？」と思うか。**これだけなんですよ、たぶん。

［補足］小学生の伊藤さんが読んだ本は『15歳　いのちの日記』（飯田公靖著、集英社文庫）と『東大へのアタック』（酒井正彦著、秋元文庫）だったと後日判明。

――麻布時代の思い出をお願いします。

中一の春に奥多摩への遠足がありました。現地集合なんですが、その時点で一学年三〇〇人中二四〇人くらいが交通費を浮かせるために[redacted]しました。もちろん俺も。先生は「そんなに大勢で[redacted]したらわかるわ！」って激怒り。新入生同士「俺ら、バカだなあ」と顔を見合わせましたよね。

高三の秋の学年旅行は広島に行きました。当時修学旅行というのはなくて学年旅行という位置づけでした。大学受験前なんですけど二四〇人くらい参加して、夜は二〇〇人くらいが宿舎を抜け出して、みんなでディスコに行ったんですよ。そこでナンパして、三対三のカップルになって、「じゃあ、〇〇ちゃんち行こう！」と盛り上がって店を出たらそこに先生たちがいた。一〇〇人以上が同じディスコにいて、一網打尽。宿舎で正座。「俺ら、中一のころから変わってねーな」って。

ほかにも言えないエピソードはたくさんあるんですけど（笑）。

――伊藤さんのころの麻布生は結構ヤバかったって聞いてます。

中一の担任がKさんという体育の教員でした。アメフト部出身でごつくてめちゃめちゃ怖いんすよ。さっきの[redacted]事件のときにはものすごく怒られました。だけどずっと怖いかというとそうではなくて。

高三にもなると運動会当日は、昔のボロい生徒会館に集まって[redacted]を飲んで、騎馬戦や棒倒しのときだけ赤い顔して出てくるんです。そしたらK先生が、「赤い顔してるけど、大丈夫かい？」とか言って、僕が付けていたネックレスを預かってくれるんです。なくしちゃうといけないからって。すごく優しくて。で、それが終わるとみんな彼女とデートでどっかに行っちゃう。カオスでしたね。

普段も、RCサクセション（忌野清志郎《いまわのきよしろう》のバンド）の「トランジスタ・ラジオ」みたいに「授業をさぼって陽の当たる場所」にいました。屋上で、「[redacted]のけむりがとても青くて」。授業の最初に出欠をとって「はい」って返事したら出ていっていいというのが不文律になってました。カオスでしたよね。

屋上は治外法権みたいな場所だったんですけれど、職員室が見える手すりに寄り掛かって[redacted]を吸っていたらさすがに先生がやってきて、「俺らが見えないところでやるのはいいけどな、さすがに職員室に向かって吸ってたら俺らも取り上げざるを得ないわ」と。

［補足］時代に鑑みて墨塗りにしてある部分がある。ご想像にお任せするが、マリファナや覚醒剤でないことだけは断っておく。

――「ダメなことはダメ。だけど片目をつむれるところはつむってやるから、俺らが片目をつむっている間に自分たちでなんとかしろ」みたいな本当の意味での本音と建て前の使い分けは先生たちから感じましたよね。

その感じがすごく素敵なひとたちでしたよね。学園紛争の経験も影響しているんでしょう。だから特徴のひとつとして**「自分で考えろ」**という自治のメッセージがありました。同時に唯一のルールが**「他人に迷惑をかけるな」**。

――そうですね。さきほどの屋上で何かを吸っていた事件に関しても、見てしまったら教師の立場としてわざわざ屋上まで階段を上って注意して取り上げなきゃいけない。それは他人に迷惑をかけることになるぞという理屈。

僕が授業中にいきなり歌を熱唱したら怒られたのも同じ理屈ですよ。そりゃそうだ。授業聞きたいやつもいるわけですからね。

――「授業中の出前禁止」というのも同じですよね。授業中に誰かがラーメン食べてたらみんな食べたくなって授業に集中できないだろうって。それで、先生が教卓で出前のラーメンを食べちゃったというエピソードも聞いたことがあります。

「自分で考えろ」だけど「他人に迷惑をかけるな」というメッセージがあって、でもそれだけじゃ麻布生としてはダメなんですよね。**「お前は何者か?」**というのは無意識のうちに問われていましたね。

あのころちょうど「オタク」という言葉が生まれたわけですが、オタクがうじゃうじゃいるんですよ。漫画オタクも歴史オタクもアイドルオタクも……。でもそういうのがないやつがいちばんバカにされていた。

結論めいたことを言ってしまうと、いま我々の社会がつくらなきゃいけない、つくろうとしているものが、麻布ではすでに実現していたんです。みんな私服だし、髪の毛の色もいろいろだし、女の子の格好をしているやつもいるし、「みんな違ってみんないい」みたいな。

――成績はどうでした？

高一からジツリキ（実力考査）が始まるじゃないですか。最初は一〇番台でした。でも高一でテニス部をクビになってからは何に対しても斜《しゃ》に構えるようになり、**麻布の自由を真正面から謳歌《おうか》するというよりも逃げていった**みたいな感じになりました。

テニスは小さいときからやっていて、それなりに強かったんですよ。でも麻布のテニス部は中庭の二面しかないところに五〇～六〇人も集まって芋洗い状態だからほとんどボールに触《さわ》れなくて、練習にあまり行かなかったんです。テニススクールにも通っていたから、そっちでやればいいやと思って。そしたらクビになって、しかも付き合っていたカノジョにタイミング悪くふられたりもして、そこから「一生懸命生きることはダセぇことなんだ」という麻布の悪いところが出た。

高三の最後のジツリキでは文系約一五〇人のうち一三〇番くらいでした。浪人して東大に合格しますけど、僕の学年で東大に入ったやつのなかでは最下位記録です。

田中康夫さんが『大学・解体新書』（祥伝社ノン・ブック）で麻布がいちばんタチが悪い

みたいに書いていますよね。テキトーに生きているくせに東大に受かっちゃってしかもモテるみたいに。**「テキトー」に見せるのが麻布の美学**なんですよね。人前では「余裕だから」みたいな涼しい顔をして、ときどきとことんバカにもなるけど、裏でめちゃめちゃ努力している。僕の場合はその悪い面ばかりが強く出たわけですが、「伊藤さんって熱いけどボケてる」とか「賢いことを言うけど基本はバカ」とか、このギャップ萌えを武器にするのは麻布で身につけた習性ですよね。

――いまの伊藤さんは頼れる兄貴みたいなキャラで通っていますが、もともとはダメサラリーマンの典型だったみたいなギャップが武器になってますよね。

実はこれはギャップを演出しているわけではなくて、結構リアルなんですよ。高一で斜に構えるようになってから二六歳で鬱になるまでの約一〇年間は僕の暗黒時代なんです。大学に入っても斜に構えて、バイト、バンド、デートの日々。就職したらごまかしがきかなくなって、鬱になるんです。

でも四〇代半ばで転機があって、ある意味違う僕が生まれてきたみたいな感じで。その違う僕は「一生懸命生きようぜ」って、熱く生きる感じなんすよ。これは僕が偉いわけでも何でもなくて、たまたまきっかけがいろいろあって、へっぽこな僕でもこういうふうになれた。だから、みんなもできるから大丈夫！大丈夫！っていう思いがいますごくある。

ここ二〜三年は「いやー、これって麻布で得たもんやな」と気づいた。灯台もと暗しでした。**気づくまで三〇年かかってるんですよ。**

——三〇年越しにやっと理解できる麻布の教え。

いま僕がキャッチフレーズにしているのが**「FREE FLAT FUN」**です。「FREE」っていうのは、好き勝手にやるという意味ではなく、**あらゆる常識とか当たり前から解放されよう**という意味です。「FLAT」は、ひとにはそれぞれのモノサシがあって、それらは**優劣の付けられるものではない**ということ。「FUN」は、「何が楽しいの？」。言い換えれば**「アンタ、何なの？」**ですよね。もうひとつリーダーシップの講義でよく使うフレーズが**「Lead the self」**です。**自分の人生を生きろ**と。これも自分は何者かを明確にしろというメッセージです。

これ、麻布そのものじゃねーかよって、自分にツッコみたくなる。当時の先生に「いまごろわかったか」って言われそうで悔しいんですが（笑）。

じゃあ、僕は麻布のことを一〇〇パーセント好きなのかといったら、微妙。「麻布のやつらは暑苦しいくせに斜に構えていてめんどくせー」というのもあるし「もうちょっとちゃんと生きろよ」って気もするし。でも自分の根底の部分には少なからず麻布がある。悔しいけど、**「なんだ、一生懸命粋がっていたけど、結局先生の手のひらの上で転がされてただけだったか」**みたいな。

——中学受験のときに、国立は官僚っぽいからと避けたのに、なぜ東大に行ったのですか？

現役のときは全滅でした。浪人してから親にも悪いなと思って思い切り勉強したら偏差値八九をとったりして、できるようになりました。で、どこに行く？　と。「俺の価値観は麻布だ！　付属のやつらが幅をきかせてる早慶なんかに染められてたまるか！」と思いました。だとすると無色透明なところがいい。それで東大。

で、テニスサークルに入ったり、自分で遊びサークルをつくったりはするんですが、そういうのはひと通り高校時代にやっていたからつまらなくて。麻布生って大学デビューをバカにするじゃないですか。明確にバカにしてました。

カノジョができると、もう授業にも行かなくなる。

——言い方は悪いかもしれませんが、カノジョに逃げた？

そうそう。いや、カノジョがいたからなんとか社会生活が営めたのかな？　もしあのときカノジョがいなかったら、きれいに引きこもっていたでしょうね。なんせ大学は「無」でした。何かやって傷つくのも嫌だから何もしなかった。尾崎豊《おざきゆたか》みたいなもんです（笑）。

——さらに日本興業銀行（以下、興銀。現在のみずほ銀行）を選ぶ。いまの伊藤さんのキャラからすると、お堅いエリートのイメージが強い興銀なんて似つかわしくないと感じますが。

就職ランキングの上位から受けて、たまたまうまくいったのが興銀。そこに何の意思もない。僕がどれくらいバカだったかというと、興銀を政府系の銀行だと思ったまま内定をもらうんです。就活の面接での瞬発力はあったんですよね。わざとバカな話をしたりして、ハッタリです。

で、内定もらって「おめでとう！」って握手をした瞬間から鬱になっていきました。調べてみると体育会系っぽいし、内定者の会とか行くと皆めっちゃ飲むんですよ。「これ、無理だわ」と思って。いまでも大勢の飲み会とかは好きじゃないですよ。実際自分は興銀という組織に合ってませんでしたね。

仕事って二種類あるじゃないですか。**正確に何かを管理する仕事**と、**不正確でもいいからノリで築き上げる仕事。**僕は後者のほうが向いているのに、当時はそれがわからず、前者のほうに入っちゃった。麻布って後者じゃないですか。

［補足］不正確でもいいからノリで築き上げるというのは、麻布病の症状のひとつ「詰めの甘さ」にもつながる話。そのような人間が集まる理由のひとつに、入試問題があると私は思う。国語と算数が六〇点満点、理科と社会が四〇点満点の合計二〇〇点満点。例年の合格最低点は一〇〇点ちょっとなので半分ちょっととればいい計算。しかも記述式解答が多く、部分点をたくさんもらえる。極端な話、算数では一問も正解していなくても着実に部分点を稼げば合格できてしまうともいわれている。抜かりなく正解にたどり着くことよりも、荒削りでも前に進もうとする受験生のほうが合格を得やすい。それが、結果的に「詰めの甘さ」という共通項をもたらしているのではないかと私は分析している。

――興銀時代に金髪にしていたと。自分が何者かわからずにとりあえず髪の色を変えて、「俺はフツーとは違うんだ！」とアピールしてみる。痛々しい麻布生そのものですね。

たまたま担当したプロジェクトがうまくいって鬱から快復できたのですが、今度は銀行の粗《あら》が気になりだしたんです。バブル崩壊後というタイミングもあったのでしょうが。あるとき同期一五人くらいで集まって「頭取に直接『辞めろ！』ってメールしようぜ」って話になりました。

それで翌朝本当に当時の頭取に「あなたを尊敬しているし、あなたのようになりたいけれど、こういう状況だから辞めていただきたい」ってメールを送信するんですよ。で、みんなに「送ったぜ！」と報告したら、「え、本当に送ったの？ バカじゃねえの？」ってリアクションで。その二週間後くらいに飛ばされました。それが三〇くらいのころですね。

［補足］第三章の前川喜平さんのところに出てきた吉原毅さんが城南信用金庫でクーデターを起こしたのと似ている。周到に外堀を埋めてからのクーデターと無鉄砲な突撃とで明暗が分かれた形だが、心意気は同じだとフォローしておく。

――文具メーカーのプラスに転職して、東日本大震災で覚醒する。

新しい仕事にも慣れてきていましたが、何か物足りないと思っていたときに東日本大震災が起きました。プラスって、文房具だけじゃなくて台車とか長靴とか消毒液とか飲料とかも取り扱っているので、いちはやく東北の物流を復活させるのが自分の使命だと感じたんです。これが仕事上、僕の意思が初めて明確に表に出た瞬間でした。もう四〇過ぎでしたけど(笑)。

東北を復活させるためにはそこにリソースを集中しなければいけませんでした。つまりほかの地域での商売を一時的に捨てるということです。そのときに「意思決定とはこういうことなんだな」と気づきました。正解のないなかで決めなきゃいけない。**「やる」と決めると同時に「やらない」ことを決めなきゃいけない。それがリーダーの役割**なんだと、そのとき初めて。

[補足] 第三章の前川喜平さんのところで触れた与謝野馨さんの阪神・淡路大震災でのエピソードと重なる。これを第五章の宮台真司さん的にいうのなら、損得を超えて合理性の外に出る経験となる。そういうときにこそ、人間は精神的に覚醒するのだろう。

「やらない」と決めることの大切さは、創立者・江原素六の生き方にも色濃い。

——正解がないなかで決めなきゃいけないというのは、現在のコロナの状況とも似てますね。

まったくその通りで。あらゆる常識から解放されなければいけない。つまり「FRE

E」。「環境って大事だけどやっぱり経済成長だよね」っていう価値比重もあったけど、これからはそこも「FLAT」。「この状況でどうすんだお前？」と問われているのは「FUN」だし、この状況で自分にとって優先順位の高いものが何かを明確にするのが「Lead the self」です。結局麻布かよ！という（笑）。

［補足］さきほどの東日本大震災のエピソードにせよ、コロナ禍にせよ、「常識を手放す瞬間」というのがキーワードのような気がする。第七章の千葉功太郎さんの話にも「既定路線を外れる」という表現が出てくる。ときどさんの第九章にもそういう話が出てくる。人生におけるそうした瞬間に、麻布で埋め込まれた何かがようやく自分の中で作動するのではないか。

――この本に載せるにはちょっときれいすぎるオチですね（笑）。

そのことに気づいたのは本当にこの二年くらいで。要するに、**「自分の人生を生きなきゃダメだ」**と。それからは人生楽しいですね。

そうでないひとはいまつらいと思うんですよ。でもそれは「自分の人生を生きていないだけだろ、バカ！」って話じゃなくて、「わかる。俺もそうだった。ただ、FREE F

ＬＡＴ ＦＵＮ、Lead the selfできたら楽しいぜ」って、伝えたい。それは結局麻布からの受け売りなんですが、僕が**麻布のスピリットを麻布以外のひとたちにも伝える役割を引き継いでいきたい。**これまでは社会人を対象にしてきましたが、もっと若い層にも関わっていきたい。いま、ある大学でそれを伝える場をつくる準備をしています。

［補足］麻布の創立者・江原素六は、麻布を特異なすごい学校にしたかったのではなく、自分が武士道・キリスト教・民主主義との出会いから学んだ生きる姿勢をまずは生徒たちに伝えることで、その生徒たちがそれをまさに布教活動のように世に広めていくことで、究極的には全国に麻布みたいな学校がたくさんできることを望んでいたのではないかと私は思う。その一端を伊藤さんが引き受けたというわけだ。ちなみに千葉県の渋谷教育学園幕張中学校・高等学校の創立者・田村哲夫《たむらてつお》さんも麻布の出身で、尊敬するひとは江原素六だという。彼も麻布のＤＮＡをばらまく役割を引き継いだ人物の一人だといえる。

――一〇年くらい前から人生爆上がりだけれど、自分の人生を生きなきゃいけないんだということに明確に気づいたのは二年くらい前とおっしゃいました。二年くらい前というのは

『一分で話せ』の大ヒットが影響していますか？

僕の場合は確実にそうですね。五〇歳を目前にして、あの本がこれまでの自分の集大成という思いもあったから、あれが世間から評価されたことはめちゃめちゃ嬉しかった。一方で世間に僕の名前が出るようになって、「怖いわー」という感じも経験しました。でもそこで「これが俺だ」と言い切る覚悟が決まった。ベストセラーを出してみてようやく「世間からどう見られるかなんて、そんなことどうでもいいじゃないか」と本心で言えるようなったというのが正直なところです。

『1分で話せ』は二冊目の著書なんですが、あれを出すとき、実は僕の中ではミスチル（Mr.Children）と比較していたんですよ。ミスチルの二作目は「抱きしめたい」だと。あれが六万枚だったと。だから、六万部を超えたらミスチル超えだと。そうしたらミスチルをはるかに超えた。でも、ミスチルはその次に「ＣＲＯＳＳ　ＲＯＡＤ」で一〇〇万枚を超えてるんですよ。「もう無理じゃん」みたいなことを考えていたら、そもそも競ってもしようがねぇだろということにようやく気づけた。

それに、あれ以降いろんな有名人と対等にお話しする機会が増えたんですよ。アイドルにプレゼンテクニックを教えるテレビ番組に出させてもらったり、陸上の為末大《ためすえだい》さんや阪神の金本知憲《かねもとともあき》さんと対談したり。特にサッカーの三浦知良《みうらかずよし》さんとの対談は大きかったですね。自分が鬱のとき彼は大活躍していて、憧れていました。雲の上の存在ですよ。でも面と向かって話してみると、それぞれに得意なことが違うだけで、「カズ」も普通の人間なんだとわかった。それいったら俺だって人間だし（笑）。

逆にいうと、少年のころから五〇になるまでずっと有名になりたいと思って欲求不満で、常に他人と自分を比べていたんですよ。だから自分の人生を生きられなかった。五〇になってようやく呪縛から解き放たれたんでしょうね。

有名なひとやお金持ちを「すごいひと」だと思ってしまっていたけど、それって逆にいうと、そうじゃないひとを「すごくないひと」として見下していたということですよね。「それってダメじゃん！」って気づいた。「すごいひとだって普通のひとなんだから、普通のひとだってすごいひとじゃん。だからみんな本当はすごいんじゃん！」って。**「アンタもすごいけど、俺もすごいし、みんなすごい」**みたいな感じになると、劣等感はなくなります。この本当の意味での「ＦＬＡＴ」に気づけたのがこの一～二年の話なんですよ。

――改めて、麻布とは何か？

主観的にいえば「FREE　FLAT　FUN」をモットーにする自分にとってのベースです。客観的にいうなら「国」みたいなもんですかね。一〇〇パーセントいい国なんてないし、一〇〇パーセント悪い国もない。ただそれぞれに歴史も文化も違う。麻布というひとつの国はほかの国と比べようがない。「麻布らしい」とくくられるのも嫌だけど、麻布のことは好きだし、みたいな。ほかの国はどうだか知らないけれど、**俺らは俺らでやるから放っといて！**みたいな。

――勝手に母国愛としての麻布愛を感じるのはいいのですけど、ほかの学校と比べて麻布の優位性を語るみたいなのは、それこそ右翼みたいで違和感ありますよね。

そうそう、本当にそう。**麻布を一番というやつは麻布にはいらん**という感じはしますね。

第七章

プライベートジェットを自ら操縦する投資家

千葉功太郎（ちば・こうたろう）

個人投資家、ドローンファンド代表パートナー。一九七四年五月一一日東京都生まれ。一九九三年麻布高校卒業、一九九七年慶應義塾大学環境情報学部卒業、リクルート入社。二〇〇〇年サイバード入社、二〇〇一年ケイ・ラボラトリー（現・ＫＬａｂ）創業、二〇〇九年コロプラ創業に参画（副社長）、二〇一四年東証一部上場。二〇一六年退任。

［麻布卒業後の千葉さんの人生のあらすじ］

慶應義塾大学湘南藤沢キャンパス（ＳＦＣ）の環境情報学部四期生としてインターネットとグループワークについて貪欲に学ぶかたわら、学生起業も経験。リクルート入社後は三年目にして周囲の反対を押し切りほぼ独力で携帯用ポータルサイト立ち上げ。携帯電話向けコンテンツを扱うサイバードへ転職後、ケイ・ラボラトリー創業に関わる。さらに、携帯電話の位置情報システムを活用した位置ゲームを開発するコロプラを創業。四年後には東証マザーズに上場、その約一年半後には東証一部上場。コロプラの成功を確実なものとしてから退任し、その後は個人投資家として活動する。ドローン技術への投資に特化したドローンファンドの代表パートナーでもある。慶應SFC特別招聘《しょうへい》教授、起業家支援の千葉道場主宰など、若手起業家育成にも取り組む。小型プライベートジェット機「ホンダジェット」の一号機を購入するだけでなく、自ら航空パイロットの資格を取得し操縦する。文字通り「空飛ぶ投資家」だ。麻布で感じた強烈な劣等感とそれを乗り越えた自信が、その後の活躍の原動力になっているという。

――おひさしぶりです。

おおたくんともなんだかんだもう何年も会っていないよね。

［補足］千葉さんは、麻布では私の一学年後輩でありながら、リクルートでは同期入社だ。

――リクルートに同期入社したのに、麻布同士だとわかったのはお互いに会社を辞めてからでしたよね。「お前、麻布だったの？」みたいに。お互い話題にしなかったし、千葉君といえばSFCのイメージが強かったから、気づかなかった。

うん。ビジネスではそっちが前面に出てるよね。

――普段SFCのイメージを前面に出しているとは思うのですが、自分が麻布出身だってことを強く感じる瞬間ってありますか?

自分から麻布だって言うことは少ないいんだけど、何かの拍子にそれがわかって「麻布出身だったんですね!」って言われるときの相手の感触がめちゃくちゃいいんですよ。ぶっちゃけ、SFC出身って言っても、変わり者という目で見られることはあっても尊敬されることは少ないんですね。でも麻布ですと言うと老若男女問わず尊敬の眼差しに変わる。

麻布ブランドは強いなあと思うことがたびたびあります。それはビジネス的にも興味深いですね。ブランドとか商品価値を維持するってすごく難しいし、実際学校の中では普通の親なら卒倒しちゃうような事件が頻繁《ひんぱん》に起こっているのに、全然ブランド力が下がらない。むしろ上がっている。

――東大をはじめとする難関大学への合格実績を着実に出しながら、余白の部分であり得ないことをしちゃうっていうギャップ萌えで得をしているんでしょうね。起業家の視点から、麻布出身者の強みってあります?

地頭的な質がそろっているという意味ではピカイチだと思う。ビジネスマンとしての高みを目指そうとすると、大企業の出世街道という王道を行くひとと、それとは違う戦い方をするひととが自然に分かれていきます。麻布の場合、後者、つまり経営者だったり自営をするタイプが多いんじゃないかな。僕もいまだに一匹狼で戦っているようなものだし。

――麻布生がもっている特性とアントレプレナーシップ（起業家精神）というのは親和性が高いんですか？

あると思う。やっぱり経営者って基本的に常軌《じょうき》を逸してないとできないんですよ。誰にも絶対に譲れない何かがあるみたいなひとは起業家にド直球ですよ。それに、麻布出身者は、**いざとなればバカになれる**タイプが多い印象はある。表向きは真面目な経営者でちゃんと社会性もあるんだけど、崩すときは崩せる。その両面をもっている感じがしますね。開成とは真逆の印象がある。開成→東大という経歴の起業家もたくさんまわりにいるんですけれど、すごく優等生でいいひとで、非の打ちどころがない。対して麻布→東大というひとの扱いづらさったらありゃしない（笑）。同じ東大生なのにキャラが違うんですよ。灘→京大のひとは、麻布っぽい気がする。灘自体が麻布とキャラがかぶるし、あえて京大を狙う時点で麻布っぽい。

――もともと灘と麻布は学校同士も仲がいい。生徒の学力レベルは向こうが格段に上ですけどね（笑）。灘って、筑駒の学力と校風をベースとしてそこに麻布的なアクの強さを適度に混ぜたような感じがします。

いろんな経営者と話をしていると出身校が話題になることは多い。そこで大事なのが「麻布→東大」なのか「灘→京大」なのかみたいな高校と大学の組み合わせ。大学だけだとキャラ設定がよくわからないんですよね。

――実力主義の経営者の間でも、学歴主義とは違う、キャラ設定という意味で出身校が話題になることがあるんですね。では、起業家千葉さんがどうやって形成されて、そこに麻布という環境がどう影響を与えたのかを聞いていきたいと思います。

両親が二人ともフリーランスのフラワーデザイナーでした。その逆張りで、一人息子には苦労をさせたくないから、〝いい学校〟に入れて、大企業のサラリーマンになってほしいと思っていたようです。小さいころからずーっと、「ＮＴＴに入りなさい」と言われてました（笑）。

でも実は結構壮絶な幼少期でした。二人とも忙しくて、小一くらいからずっと一人だったんですよ。父親は月に一回帰ってくるかこないか。母親の帰宅も夜中の二～三時。しかもたいてい酔っ払ってて。当時携帯電話もないから、さみしいし、お腹は空くし。すさまじくサバイバルな人生を送ってました。

自分でもよくまっすぐ育ったなと思う（笑）。ごはんもつくってもらえなかったので、五〇〇円玉を握りしめてラーメン屋に行った。でもそれじゃ栄養バランスが悪いよなと思って、自分で料理するようになりました。いまでも自宅ではぜんぶ自分でつくります。僕には絶対音感ならぬ絶対味覚があるみたいで、お店なんかで食べたものを再現できるようになりました。家で料理するときも食材が求めるように料理するから、自分でもどんな料理ができるか最後までわからない。即興音楽みたいな。

それと、自宅が六本木にあったんで、自然への飢餓感《きがかん》もすさまじかった。それで宇宙にあこがれを抱きます。小六のころちょうどハレー彗星ブームもあって、星の世界にのめり込む。将来の夢は宇宙飛行士か天文学者でした。宇宙のことを考え始めると何日でも一人でいられたから。

孤独な幼少期に、**一人でも生き抜こうとする意志と、徹底的な妄想力**が鍛えられた。それがいまの仕事につながっているんじゃないかなと思うんです。

でも親の愛情は感じてた。フリーランスで子どもを塾に通わせて麻布に入れるなんてハンパじゃないんで。そのために死ぬ気で仕事をしているのは感じていたんで、ありがたいなと。いまもすごく仲良し。「ひどかったよね。ごはん一度もつくってくんなかったよね」って言うと「あのときは忙しかったからね」と。

それに、僕は理系人間なんですけど、デザイナーの血がもろに流れているなと思うことがあるんです。

ドローンファンドの事業ビジョンはこうやってイラストで示します（スライドを見せながら）。一般的な事業企画書とはだいぶ違うでしょ。

絵を描くのはプロにお願いしていますけど、脳内でかなり解像度高く妄想して、それを何年までに実現させるぞと決めるんです。ビジョンという言葉はよく使われますが、言葉は受け取り方次第で意味が変わってしまう。でも絵は嘘をつけないので、見ればその通り伝わる。海外のひとにもわかりやすいし。

超高速データ通信5Gがこれからスタートするんで、ドローンのパイロットもオフィスに勤務しながら遠隔の操縦ができるようになります。大手町にパイロットセンターみたいなものがあって、そこから世界中のドローンを操縦するわけですよ。これ、実現できるんです。すべてのイラストの下に年度を入れています。たとえばこれは二〇二三年に実現させるんですよ。

――結局一匹狼の道を選んだし、デザイナー的なセンスはあるし、血は争えないですね。でももともとは大企業のサラリーマンになるために〝いい学校〟に行かなきゃならなかったから、中学受験するというのは既定路線だったわけですね。そしていちばん近いのがたまたま麻布だった。

三年生の終わりくらいから、いまでいうSAPIXの前身のTAPという塾に通い始めます。でももうずっとギリギリアウトみたいな偏差値でしたから、きっと三〇〇人中三〇〇番で合格したんだと思う。

天文少年でしたから天文部に入ります。中二のときに皆既日食がありました。日本では小笠原諸島まで行かないと見えないんですけど、行き帰り船に乗るからぜんぶで八日間くらい必要でした。普通に学校がある時期だったんですけどどうしても見たかったんで、担任の先生に「どうしても行きたいんです」って話したら「行ってこい！」と快く応じてくれました。このときはいい学校だなと思いましたね。

一方で、運動会実行委員会もやりました。僕自身はもろ文化系の人間でしたけど、イベント運営に興味があって、運動部系の連中に混ぜてもらいました。そこに行くと天文部なんて超日陰だから「運動部系めっちゃ明るいなあ」なんてギャップを感じながら（笑）。

——麻布だと比較的文化系も堂々としていたと思うのですが。

いや、そうでもなかったと思うよ。オタクワールドに対して寛容ではあったけど、やっぱり運動部が強いなとずっと思ってた。

——あ、そうなんだ。僕は運動部だったからなあ。立場によって見え方はやっぱり違うんですね。三〇〇番ギリギリで合格したと言っていましたが、勉強のほうはどうでした？

中学のうちは一五〇〜二〇〇番くらいにいたんじゃないかな。運動部で部活ばかりやってまったく勉強していないからできないというのならわかるんですが、自分としてはそこそこ頑張っているつもりなのに常に平均点以下というのは本当に凹《へこ》むことで。ガチに劣等感の塊でした。**劣等感を抱き続ける六年間**をすごしたことは、いまの自分の糧《かて》になっていると思います。

——でも、劣等感に押しつぶされる場合もあるわけで、そこは紙一重でしたよね。

危ないところでした。天文部に没頭していたんで、それが心のよりどころになった。

——自分が信じられる何かをもっていたり、居場所があったりすれば、強烈な劣等感すら糧に変えることができる。これは麻布に限らず、多感な時期の人間の成長にとって大きなヒントだと思います。逆に、麻布の嫌な部分ってどんなところだと思います?

自分の立場から見ると**麻布はやっぱり東大至上主義の学校**だった。デフォルトが東大。それがすごく大きなプレッシャーでした。

——え、俺、そんなの感じてなかったぞ!?

親からの期待もすごいし、学校も当然のように東大を前提にしてくるし。高校生になるともう「東大のどこを受ける?」という空気。理Iなのか理IIなのか理IIIなのか、その三択しかないみたいな。

麻布=東大。変なやつはときどき京大受けますね。たまに早慶にも行くかな、くらい。

しかも高三ではなぜか理IIIクラスに入れられちゃって、僕以外全員医学部志望でつらかった。意外と多様性がないんですよ、麻布って。

――そこは鋭い突っ込みで。麻布は多様性とかいいながら、「でも結局東大じゃん」という部分はたしかにある。出口の多様性は意外と少ないという。

だから僕はできたばかりのSFCを選ぶんです。反逆ですよ。クラス全体が「何浪してでも東大行くぞ！」みたいな空気感のなか、「いや、自分は自分で好きなことをやりたいんで」と。ふらっと覗《のぞ》いてみた大学フェアでSFCのことを知り、これからはインターネットだと直感して、僕はこっちだと。当時珍しかったAO入試を見つけて、受けることにしたんです。

高校では結構勉強したんだけどそれでもギリギリ一〇〇番に入れるか入れないかくらいの成績でした。改めて優秀なやつが多いよなと気づくわけです。特に受験モードになったときのスイッチの入り方がすごい。**あんなに悪いことしかしていなかったやつらが急に受験モードになって成績上げてくる。**

そこで僕は人生での戦い方を考えるんですよ。彼らと同じ土俵で同じ戦い方をしても勝てない可能性が高いので、違う角度から人生を戦えないかと。

麻布の連中の多くは、東大に入ったあとも、官僚になるチーム、医者になるチーム、弁護士になるチーム、大企業に勤めるチームと、優秀なやつらで塊になってさらにハイレベルな戦いをしていくわけでしょ。そのヒエラルキーの外に出ない限り勝ち目がない。

そこで新しい武器は何かと考えたとき、インターネットという言葉と出会って、魅了されて、この新しい武器で斜め横から戦うのは戦略としてありだなと思ったわけです。そういう意味では僕は麻布で、**すごく広い意味での競争意識を育てられた**と思います。

でも担任からは猛反対されました。

——え、担任が反対するの？

ＡＯ入試なんてそんなアホなことをする時間があったら受験勉強したほうがいいって。ムカつきすぎて名前も忘れちゃった（笑）。これ、書けるかどうかわからないんだけど、事実だけ話すね。

ＡＯ入試を受けるには学校の内申書みたいなものが必要で、それを出してもらうのにまずものすごく苦労した。「受けるのはいいけど、行くわけじゃないよね？」と言うので「行くわけじゃありません」と嘘をついて出してもらった。

当時ＡＯ入試対策のノウハウなんてなかったから独学で対策して、「受かりました！」って学校に報告したら、「良かったね。じゃ、受験勉強頑張って」って。そこで「いや、僕、ＳＦＣに行きます」って宣言して、事件が始まるわけですよ。

「そんなんやめろ」「普通に受験しろ」としつこく迫られた。でも「千葉は折れないな」とわかった瞬間、「わかった。ならもう教室には来ないでくれ」と言うんです。要するに、一一月で進学先を決めてしまったやつが理Ⅲクラスに顔を出すと士気が下がると。だから卒業まで教室に来るなと。でも出席日数のために学校には来いと。「どこにいればいいですか？」と聞いたら、「どっか行って」みたいに突き放された。

そうしたら美術の先生が優しくて、かわいそうな千葉に白い五〇号のキャンバスをプレゼントしてくれて、「麻布での残りの三カ月をかけて、大作を描きなさい」って言ってくれた。それで毎日学校に行って美術室に直行して絵を描いて帰る日々。なんで虐《しいた》げられているのかなあと思いながら。そのときの絵がこれ（次ページ）。いまでも実家に飾ってあります。

［補足］このエピソードは私にとっても衝撃だった。千葉さんと私は一年違い。学年団が違

うので担当する教員の顔ぶれも違ったのだが、それにしても私が見ていた麻布の風景と違いすぎる。そして千葉さんに対する担任の態度には、いま大人として強い憤りを覚える。私がいまのいままで知らなかった麻布の一面の真実なのである。

――このとき、学校や家庭の価値観に初めて本気で抗ったわけですね。

それまでも好き勝手やってきたつもりだったけど、それはあくまでも学校や親の価値観の枠の中での話でした。でも初めてその**既定路線を外れる決断**をした。

グループワーク形式で未来のインターネット社会を学ぶというコンセプトになんかピーンときて。この大学で学べば、実際に社会を変えることができるんじゃないかと感じました。だから大学に入ってからもあえてエグい授業をたくさん選択して、貪欲に学びました。文系・理系の垣根もゼロ。文系の女の子もプログラミングを学ぶし、僕も文系科目をやったし。

途中から「これはお金になる」と思って、学内の友達とCD-ROM制作の会社をつくりました。人材はぜんぶ学内で調達できるんで。

［補足］千葉さんが大学三年生になる一九九五年が、世界的にインターネット元年といわれている。ちょうどその時期に、千葉さんは最先端のインターネット技術と理論を学んでいたことになる。

――まだ一般的でなかったインターネットという新しい技術を手に入れ、ひととのコラボレーションも学び、マネタイズもできていた。なぜリクルートに入ったんですか?

当時ベンチャー企業というものがなかったので。お手本がないなかでそのままやっても負け戦な気がしたので、やっぱり大企業で経験を積んだほうがいいなと判断して、三年限定と決めて入りました。

でもその三年間が大きかった。当時リクルートが「ＩＳＩＺＥ（イサイズ）」というポータルサイトをインターネット上に立ち上げようとしていて、その部署にいたのですが、僕は一気に携帯向けのサイトも立ち上げたほうがいいと思った。それで上司にプレゼンするわけですが、「会社としてパソコン向けのサイトをつくろうとしているのに、なんで携帯向けのサイトなんだ」とすごく怒られます。でも僕はあきらめないので、「携帯電話のプロジェクトは人事評価からは外してもらっていいので、課外活動としてやらせてください」とお願いして、勝手にＮＴＴドコモやＫＤＤＩに行って、話を決めてきた。それで、携帯用ＩＳＩＺＥを立ち上げた三年目社員という感じで社長と対談して、社内報の表紙になって、満を持して辞めました。

——かっこいい。その後、サイバード、ＫＬａｂ、コロプラと、携帯電話向けのサービスに特化してますね。

リクルートを辞めたのが一九九九年で、コロプラを退任したのが二〇一六年だから、一六年間一貫して同じ仕事をしていました。特にスマホ向けゲームのコロプラは大成功したと思います。それで退任して、僕の携帯電話プロジェクトが終わったんです。

でもその青写真は、リクルート時代につくったもの。新人で配属された部署で最初の半年をかけてやったことが「未来で携帯電話がインターネット化したときにどんなサービスが生まれるか？」というリサーチでした。そのときに二〇年分の未来をレポート化して、「これが未来だ」と確信して、リクルートを出てからもそれを実現してきた。**あの半年で、神が降りてきた。**

リクルートは当時情報誌という紙文化の会社でしたが、これからは紙を刷っている場合じゃないと。携帯がインターネット化したらリクルートのコンテンツも一〇〇パーセント携帯から見られるようになる。パソコンすら使われなくなる。その未来感覚が当たった。

［補足］iPhoneが登場したのが二〇〇七年。しかし千葉さんはその一〇年前からスマホ社会を前提にビジネスを発想していたというわけだ。

――それはもうすごい先見の明なんですけれど、一方で、自分の先見の明を過大評価して盛大にずっこける起業家も多いわけじゃないですか。その違いはなんだと思いますか？

宇宙が好きだからかなぁ。宇宙的な視点から俯瞰《ふかん》すると、人間界の細かいことは気にならなくなるんです。宇宙的な観点からすれば千年や一万年もあっという間ですから、一〇年先なんてすぐですよ。

——それでいったんビジネスの最前線から退いて投資家という立場になるわけですが、いまはドローンを熱心にやってますよね。

ドローンは二〇年ぶりに「これは来た！」と手応えを感じたものです。リクルートの新人時代に「携帯電話がインターネット化する」と考えたときと同じ未来感覚がありました。我々が子どものころのSFとかアニメに描かれていた二一世紀の世界では、車もロボットもみんな飛んでたじゃないですか。それが二一世紀だと思っていたのに、実際には飛んでない。これはやっぱりおかしくて、**飛んだほうがいい。**

飛ばない理由はなくて、技術的には飛べるはずなんです。でも法律も整備されていないし、やろうとするチームも少ないし。

——で、飛ぶことをテーマにするなら、まず自分が飛ばなきゃいけないって、パイロットの免許も取る。その徹底ぶりがすごい。ちなみに現在の千葉さんを構成する要素として、麻布とSFCの比率はどれくらいですか？

半々くらいかな。

――お、意外に麻布が多い。その半分ってどんなところですか？

何をしても許される感じが中高六年間で身体に染み込んだ。本当に何をしても怒られないのですが、一方で一六〇位とか成績が出るわけですよ。あれってすごくシンプルなコミュニケーションだなと思います。何の縛りもないのに学年順位だけが最後に出るんです。「なんだよ、みんな遊んでいるふりして勉強してんのかよ」と。当時、遊んでいるふりをしているのに成績がいいことがかっこいいみたいな風潮がありましたよね。それってアウトプット重視のコミュニケーションだと思うんですよね。

だって、**麻布ってもともとリモートワークみたい**なもんじゃないですか。授業抜け出すやつが大量にいて、勝手に自習していい成績をとる。それって究極の成果主義だと思う。

［補足］定期試験では順位は出ないし、実力考査でも実際には分布表を見て自分のだいたいの位置がわかるだけになっている。

――私自身は麻布を成果主義だとはあんまり思ったことはなかったですね。

自由と責任というのかな。完全に自由だけど、成績という明確な数値的な責任を負う。

親というクライアントに対して。だから高校生になると結構頑張って成績を上げました。これは経営に通じるなといまは思っていて。

いくら麻布でも教室でお酒飲んじゃダメじゃないですか。学校に火をつけてもダメじゃないですか。たぶん（笑）。でもコンプライアンスさえ守って結果を出していれば、あとは何をやっていてもいいんですよ。

経営にも一定のルールはあるけれど、そのうえは自由じゃないですか。違法じゃなければどんな手を使ったっていい。結果さえ出していれば。そういう意味で**思い切った布石を打てるようになったのは、麻布で磨かれた感性**による部分が大きいかも。

いままでの「ｂｅｆｏｒｅコロナ」時代は、九時に出勤して残業して頑張っているふりをして会社のルールを守って上司に逆らわずというのがサラリーマンの美徳だった。でもこれからは、リモートワークによって自分から働けないやつが明確に可視化されて、逆に好き勝手やってるんだけどめちゃくちゃ結果を出すようなひとが評価される。**「なんでもやっていい＝絶対成果出せよ」**といういままでにない考え方ですよね。

実は麻布ではそれを中高生時代からやらせてた。学校の束縛もないし、脱法行為でもない限り何しても怒られないけれど、あの厳しい競争環境が背後にあって成果主義に追われる。だから、ぐるっと回って「ｗｉｔｈコロナ」の文脈に合ってるんじゃないかな。

第八章

オタクでコミュ障を武器にしたアナウンサー

吉田尚記（よしだ・ひさのり）

アナウンサー。一九七五年一二月一二日東京都生まれ。一九九四年麻布高校卒業、一九九九年慶應義塾大学文学部卒業、ニッポン放送入社。深夜番組「ミューコミプラス」パーソナリティほか、イベント司会業、「マンガ大賞」発起人や通信制高校N高校のクイズ研究会特別顧問など、オタクキャラを活かして幅広く活躍。

［麻布卒業後の吉田さんの人生のあらすじ］

浪人時代もオタクの聖地神保町と秋葉原を自転車で徘徊《はいかい》する生活を続けたものの、なんとか慶應大学文学部に合格。大学では落語研究会に所属した。たまたま大学の掲示板でニッポン放送のアナウンサー募集要項を発見し、落研で培った話術を披露したところ、うまくハマって内定ゲット。しかしいざ実社会に出ることが決定した瞬間から、鬱になっていく。会社に入ってからも自分の「コミュ障（俗にいうコミュニケーション障害）」を痛感する日々が続いたが、ある番組をきっかけにブレイク。オタクキャラを前面に押し出して独自のポジションを確立。第四九回（二〇一一年度）ギャラクシー賞ＤＪパーソナリティ賞受賞。アナウンサーの枠組みを超えた仕事が増えすぎたため、会社内に「吉田ルーム」という部署ができたほど。麻布での学びが、オタクなアナウンサーの下地になっているという。

——麻布ではどんな六年間をすごしましたか？

僕みたいな**凡人にとって麻布で得られた大きなものは、天才と普通にいっしょにいられたこと**です。世の中には、東大生を別世界の住人か何かのようにとらえていて、頭のいいひとって食べてるものからして違うと思っているひとが結構いっぱいいるんですよ。その点、麻布では人類として優れているレベルの天才の生態を間近に見ることができて、「なーんだ、どうせあいつも地下食のやきそば食ってるんでしょ」と思えるし、たとえば東大に対するコンプレックスやうがった見方もしなくなるというスタンスを手に入れられるのがいちばん大きなことではないかと。あとはもうごく普通の高校生生活みたいなのがいっぱいあるだけかなと思います。

僕なんかは一学年三〇〇人中二〇〇番くらいにずーっといるわけですよ。麻布の成績分布って二こぶになっていますよね。東大に入るひとたちの山と、一浪して早慶みたいなひとたちの山がくっきり分かれてる。僕みたいに一浪して慶應文学部ってどの学校にも何人かいるちょっと勉強ができるレベルの凡人ですよ。

――たしかに麻布生って、グループとして大きく二つに分けられるかもしれない。当たり前のように東大に通っちゃう生徒がたくさんいるイメージがもたれているけれど、そうじゃないひとたちも麻布のもう一つのマジョリティーとして目立っていて、その**二つのイメージが混在してあたかも一つのキャラとしての麻布生が存在しているかのように思われている**部分はあるかもしれないですね。「人類として優れているレベルの天才」というのはたとえば？

そういうのってもう努力じゃないよねというレベルの圧倒的な学力の高さ。東大医学部に行くのが当たり前でかつ文化祭で突然難しいピアノクラシックをすごい勢いで演奏しちゃったり。「こんなやつがいるんだな」と心底感心はするけれど、麻布ではそいつらと普通に話ができる。チェスの世界大会に出ちゃうようなやつといっしょに「裕《ゆう》木《き》奈《な》江《え》のオールナイトニッポン」を聞いて、そこについては逆にいろいろ教えてあげるとか。

多くのひとは、エリートのエリートな部分だけを見て勝手に距離を感じてしまったりするんじゃないかと思うんですが、僕らは全体像で見ることができるようになるじゃないですか。エリートもつらいんだと思うんですよね。

――そこへの同情もある？

同情というか、フラット……。フラットなんじゃないですか？

昔、宮台真司さんが『日本の難点』（幻冬舎新書）で「東大でも霞が関でも一番優秀な連中は軒並み利他的」って書いていたと思うんですが、それを指摘されるまでもなく、そういうもんだとずっと思っていました。

裏を返すと、トップのひとは性格が悪いと世間のひとたちは思っているということですよね。でも僕には「全然そんなことないわ！」という社会システムへの信頼感が、ああいうむちゃくちゃな学校にいたからこそある。だいたい、嫌なやつというのは半端な出来のひとが多いというのがよくわかっている。

［補足］第六章の伊藤羊一さんのキーワードとかぶった。「自由」だけではなく、「フラット」が、麻布を語るキーワードらしい。「薄っぺらい」という意味もあるのだが。

――**凡人の立場から見える麻布の風景**があるというのは、面白い視点の置き方ですね。

で、凡人側の世界で僕が何をやっていたかというと、特徴的なことは「オタク」です。僕らのころはアニメ好き、漫画好きのオタクがクラスに三〜四人でした。いまはもうクラスの半分くらいになっているんじゃないですか？

僕の世代はいまのスタイルのオタクが世間で認知され始めた第一世代だと思うんです。いまのスタイルのオタクというのは、ポップカルチャー系のオタクという意味ですね。

――鉄道オタクとか天文オタクとかとは違うポップカルチャー系オタクの走りだと。私はそっち系じゃなかったので、違いがよくわからない（笑）。

違いがわからないというのは麻布っぽい話で、特殊な趣味の人間がいて当たり前なので。アニメやゲームや漫画が好きでも「ふーん」という感じで。

でも僕らが一四歳のときに宮崎《みやざき》勤《つとむ》事件が起きるわけですよ。あの事件で「オタク」が発見されるんです。おまけにいきなり犯罪と結びついているという。それが世間だということに、僕は相当長じてから気づきます。僕はオタク全般に対する悪いイメージをまったくもっていませんでしたが、あの事件以来オタクは世間からは迫害されていたんだということに、麻布を出てから気づきます。**麻布にいると迫害を受けない**けど、外の世界のオタクのひとたちは大変だったんだなあと。

ほとんどの部活の部室はかつて生徒会館という建物の中にあったのですが、地歴部、漫画研究部、物理部無線班、天文部という四つだけは校舎の三階にあったんですよ。僕、別に地理が好きなわけでもないのに地歴部だったんです。

そこのものすごくゆるい文化系部活のやつらがいま思えばオタクの原型みたいな集まりを形成していて、ゆるくいっしょにいるという。

高三のときがいちばん遊んでいました。「東京パフォーマンスドール」というアイドルにゴンハマりしていて。追っかけとかやってました。「穴井夕子《あないゆうこ》のオールナイトニッポン」の最終回を聞いて早朝のニッポン放送で出待ちしたこともあります。そりゃ浪人するよと。その後その会社に入社するという意味のわからないオチまで付いて（笑）。

――高三でそういう方向に走るというのは、純粋なオタク的モチベーションの高まりだけでなく、現実逃避という意味もあった？

現実逃避するほど現実を見ていないですよ。現実自体が何だかわかってない（笑）。

――その様子に対してご家庭では何も言われなかった？

もういっさい何も言われたことがないですね。麻布に入ったからといって立身出世を期待する家庭ではまるでなかったので。

銀座のど真ん中に実家があって、めちゃくちゃ狭い家に祖父母も含めて七人で暮らしていました。いまでこそ銀座は高級ブランドの街というイメージでしょうけれど、僕が子どものころ、ブルガリは三共薬局だったし、ヴィトンは東京銀行だだし、シャネルはカネボウだし、割と地に足の付いた街だったんですよ。

祖父も祖母も元祖オタクで、家の中の本の量とかが異常なんですよ。落語とか宝塚の本がいっぱいありました。僕も小学校のころから漫画とかバカみたいに好きでしたし、本は無尽蔵《むじんぞう》に買ってもらえました。

父親はオタクというより新しい物好き。新しいモノを買うのに躊躇《ちゅうちょ》がないんです。だから僕が幼稚園生のころには家にパソコンがありました。いま思えばおもちゃみたいなパソコンですが。

僕らの世代だと小学校低学年でファミコンを買ってもらうのが多かったのですが、父親は「これからはパソコンだ」と思っていたらしく、うちではファミコンじゃなくてパソコンを買ってましたね。最終的にファミコンも買ってもらうんですが。

ＩＴ系の社長さんなんかと話していると似たようなエピソードが結構あるんですよ。「ファミコンを買ってもらいたかったけどＭＳＸ（一九八〇年代前半に登場したパソコンの共通規格）を買われた」みたいな。

僕も当時簡単なプログラミングとかやりました。プログラマーになるほどにはものになっていないんですけど（笑）。

――文化教養水準が高いご家庭で、**オタクの血筋を受け継いで、オタクのエリート教育を受けていた**わけですね。

文化教養のつもりがないんですよ。面白いからやっているだけで。それが僕の時代とバチコーンと合うタイミングだったんです。

実は弟の一人も麻布で、あいつも慶應商学部なんで、勉強が超絶できたタイプではない。でも弟のほうが活動的で、文化祭実行委員会とかやってましたよ。卒業してから先生に会いに行ったら「弟のほうは覚えているけど、お前いたっけ？」みたいな。ひどいもんだなあと（笑）。

でも僕も、高一のときに高校生クイズの全国大会に出ました！　地歴部の同期と一個上の先輩といっしょに出て、本当に偶然なんですけど勝ち抜いて、東京都代表として出たんです。初戦敗退でしたけど、六秒だけテレビに映りました。

いまであれば高校生クイズの全国大会に出たと言ったら学校内でもワーッとなるでしょうけれど、当時はネットもないので夏休みだと連絡もつかないし、自分から喧伝《けんでん》するのも変じゃないですか。テレビで「東京都代表・麻布高校」って出て初めて「誰が出たんだ？」ということになり、「地歴部の三人らしいよ」って言われても「誰も知らねぇよ」という状態だったんです。

あと、自分のことじゃないんですが、麻布の六年間で印象に残っていることのひとつとして、鉄道研究部の一個上のTさんという先輩が、**「運動会をやりません」という公約**で運動会実行委員長に立候補して残り二人の候補を退けて当選しちゃったという事件がありました。「それってありなんだ……」みたいな。

クラスでも「運動会をやりませんってておかしいじゃん」という話になったのですが、そのとき担任だった社会科のS先生が、「何を言ってるんだ、お前ら」と。「民主的に選ばれたんだし、その公約がヤバいと思うのなら、残りの二候補が妥協して一本化したら勝てた得票数だったでしょ。一本化できなかったほうが悪い」みたいな話を普通にしていて。**先生も「いままで通りがいい」とか言わない**んだなあと感心しました。

でも結局運動部のひとたちに締められて、物事が覆《くつがえ》っていくというのもあって。Tさん、大変そうでした。僕はどっちでもいい人間なんで、一回くらいやらないのも面白そうだなと思ってTさんに入れたんですけど。

——オタク第一世代としての六年間を全うし、現役での大学受験は……。

全滅でしたね。浪人してお茶の水の駿台予備校に通うんですが、そこでも神保町に通っている感覚でした。秋葉原がオタクの街になったのは一九九五年に「新世紀エヴァンゲリオン」が出てきてからです。それ以前は電機とパソコンの街でしたから。それまでのオタクの聖地は神保町だったんです。

初めて猫耳を付けて世の中に現れた桃井《ももい》はるこさんというオタク界のカリスマシンガーソングライターがいるのですが、彼女は二〇年以上前から「萌えはロックだ」と言っています。初めてロックを歌ったやつは「破れたジーンズなんてはいて頭がおかしい」と思われたはずだけど、いまは完全にロックが一般化していますよね。猫耳つけて「はにゃーん」とか言っていて頭がおかしいと思われるのも同じことだと。事実として、いまは若者カルチャーとしてロックよりオタクのほうがメジャーじゃないですか。だから桃井はるこさんはオタク界の「セックスピストルズ」なんですよ。

だとすると**僕は「萌えの世代の小林克也《こばやしかつや》」なんだ**と思っています。僕がニッポン放送に入社したころはメディアもまだオタクの扱い方をわかっていませんでした。でも産業が勃興し始めた時代にいよいよそことアクセスしなきゃいけなくなり、「お前がいて良かった」みたいな感じでした。

僕は本当にラッキーなことにそういうポジションにいるので、七〇歳になっても八〇歳になってもこういうことを続けるべきなんだろうなと思っているんですよ。九〇年代の、こうなる前の秋葉原の風景を知っていて、何がどう変わっていったのかをリアルにわかっている自信はあります。こういう仕事になるべくしてなったんだなあと、四〇代も半ばになって思います。

［補足］セックスピストルズは一九七〇年代後半にイギリスで活躍したパンクロックバンド

の先駆け。小林克也さんはラジオＤＪとして一九七〇年代から日本に洋楽文化を広めた立役者であり御年八〇になろうかという現在も現役。

――天職ですね。

ありがたいことに。

――でも、ご著書を読んだニュアンスでは、ニッポン放送入社は、ほとんどなりゆきでしたよね。

なりゆきです。本当にもう、全然（笑）。僕はくじ運がめちゃめちゃいいんですよ。麻布に入るときも、大学入るときも、就職のときも。

――なぜアナウンサーだったんですか？

大学で落研（落語研究会）だったので、喋るのが好きだった。

――でもご著書によれば、コミュ障だったんですよね。オタクの世界と一般社会でギャップがあった？

あったと思いますね。

［補足］吉田さんは著書『なぜ、この人と話をすると楽になるのか』（太田出版）で、「コミ

ュ障」の定義として「ニコニコ大百科」から次の箇所を参照している。「あくまでも、できないのは休み時間などに行われる、友人や知人たちとのどうでもいいけど実に楽しげな会話である。多くの人は、学校生活や仕事上でどうしても必要な会話、事務的な応対については、割と可能であったりもする」。

——ご著書では、内定をもらってからどんどん鬱っぽくなっていく様子が書かれていました。大学の必要単位は早々に取っていて、内定も決まったら、オタク道を好きなだけやれると喜ぶのかと思いきや、アナウンサーとしての準備をしなきゃいけないというプロ意識が突然作動して、しかも空回りして鬱になるというのがよくわからなかったんですけれど……。

なるほど、そうですね。オタクにもいろんなスタイルがいるのですが、大きく分けると「現実逃避型」と「ジャーナリスト型」があって、僕はジャーナリスト型なんですね。それで、放送局とかアナウンサーというまったく未知の分野に対して、ジャーナリスト型のオタク的なスタンスでアプローチしちゃったんでしょうね。徹底的に調べて詳しくなりたいのに実行に移す手立てがなかった。入社してからも放送に出るのがすごく嫌だったんですよ。でも強制的にやるしかなかった。

――ひとによってはごく自然にできてしまうことが吉田さんにはできなかったので、意識的に体系化、スキル化して獲得していった。

そうです。いま聞いていて思いましたが、それ自体がオタクっぽいですよね。

――アナウンサーとしてコンプレックスの塊だったところから抜け出せたターニングポイントは何だったのですか？

『コミュ障は治らなくても大丈夫』（KADOKAWA）というコミックエッセイに詳しく描いてもらっているんですが、鳴かず飛ばずのまま迎えた三年目に、「パトレイバーのオールナイトニッポン」という番組が企画されました。映画の公開を記念して。その番組を担当することになって僕はびっくりするんですよ。人生でいちばんハマったアニメが「機動警察パトレイバー」だったので。パトレイバーに関しては日本中のアナウンサーでいちばん詳しい自信があります。

そこで僕は特濃《とくのう》の番組をやっちゃったわけですよ。「続いてのメールは、ラジオネーム津田三蔵《つださんぞう》さん……。ん？ 津田三蔵って、単行本一〇巻で太田功《おおたいさお》が起こしかけた事件の原点になる実話の犯人じゃん!! 『津田三蔵かお前はー!』ってシーン!!」とか滔々《とうとう》と語った次の瞬間、**ラジオの向こうからざわっとした感じが聞こえてくる**みたいな。「やべぇ、本物がやってるぞ、この番組」みたいな。実際、異常な反響があって、会社もびっくりするんです。それで初めて「お前はオタクだったのか？」という話になるんですよ。もともと僕はオタクをウリにしていなかったですし、ウリになるとも思っていませんでしたから。

それからアニメの仕事が来るようになり、いまに至るわけです。

ぬくぬくとオタクをやって来たことがいまぜんぶ仕事に活きているので、**それを保存してくれていた麻布という環境**は本当にありがたい存在です。

麻布でいっしょにオタクをやっていたHというのがいまして、いまは日本中のオタクまわりの法務を取り仕切っているような弁護士です。いまもときどき仕事でからみます。彼は弁護士の道に進み、僕はアナウンサーの道を進んだわけですが、結局また出会った（笑）。

――そこから得られる教訓としては、他人から何と言われようが、どんな立場であろうが、自分の好きなことを地道に続けていくことは財産になるということですね。

地道というつもりはなくて、習性ですから（笑）。

いまコロナの時代といわれていますが、麻布関係者にｔｏｏ ｍｕｃｈに怖がっているひとはいないだろうなと。「なんとかなるし、でも、やることやらないのはバカだよな」というくらいの感覚じゃないでしょうか。**何にでも適応するしかないという感覚が体感覚としてある**から。

僕も、司会する予定だったイベントがオンラインになったりしたことはいっぱいありましたし、自分でやっているイベントをＺｏｏｍで有料でやったりというのもありました。でも「あ、これはできるな」という手応えがすぐに得られた。で、結局仕事は減らなかった。あくまでもフラットに対応していくことしか考えていません。

で、なんでこれができるかというと、長期計画立てないからなんですよ。麻布のひとって場当たり的なので、**長期計画を立てるのが苦手**じゃないですか。それを当たり前にして生きてきたから、いまも場当たり的にやるとそんなに大変なことにならない。

［補足］もしかしたら人間はもともと場当たり的な生き物なのではないかとも私は思う。それが本来の姿なのに農業が発達して以降、計画的に決められたことをこなすことが美徳とされてきた。その点、麻布ではそういう意味での〝社会化〟がされにくく、人間本来の特性が温存されやすいのではないか。つまり麻布生＝原始人説。その点、

第七章の千葉功太郎さんは例外的か。

——それは普段弱点だとされる部分ですけれど……。

積み上げられないという（笑）。

——そういう特性って、日本的大組織のリーダー向きではないんですよね。でも逆にそのいい加減さがこういう状況では活かせるかもしれないと。

僕らの仲間に、慌ててるやついるんですかね。医者は大変だろうけど……。みんなフラットに受け止めてそうな気がします。

——ご著書に「セルフエスティーム」と「プライド」の違いが書かれていました。これって多少強引なんですけど、〝麻布っぽさ〟と結びつくところがあるかなと思うんですよ。**麻布に入るとプライドって一度壊れる**じゃないですか。逆に「なんでもあり」というところで**セルフエスティームは高められる。**

麻布では成績がいいことにあまり意味がないじゃないですか。成績が悪いけれどものすごくレアものの工〇ビデオの入手がうまいやつとかがいて、そいつらの価値って麻布の中では高いですから。どんなモノサシもあり得るということが腑に落ちている。

[補足] セルフエスティームとプライドの違いについて『あなたの不安を解消する方法がここに書いてあります。(14歳の世渡り術)』(河出書房新社)から該当箇所を引用する。セルフエスティームを私なりに言い換えると「根拠なき自信」となる。

プライドとは、社会と結びついていて、周囲との比較《ひかく》でつくり出される自信です。(中略)セルフエスティームとは、そのまま日本語にすると「自尊感情」。社会とは切り離《はな》しても、自分自身を信頼《しんらい》できる自信です。(中略)ここでは「よくわからないけど、自分は大丈夫」という謎《なぞ》の安心感としましょう。(中略)感じがいい人は、総じてセルフエスティームが高くて、プライドが低い傾向《けいこう》にあります。自分自身をしっかり保っているから、誰かと比べて誰かをおとしめることもないし、自分も卑屈《ひくつ》になったりすることはありません。一方、「プライドが高くて、セルフエスティームが低い」人は、周りも接しづらい。いい学校に行っているから、家がお金持ちだから、イケてる誰それと友だちだからといばっている人は、セルフエスティームが低いから、周囲と比較してプライドを毎回確認しなくてはいけない。感じ悪いですよね。

——いろんなものが許されちゃう麻布という環境で育ったにもかかわらず、吉田さんは別のご著書で、コミュ障克服の道のりを「自分を許すための手順だった」と表現しています。ずっと自分の中に許せない部分があったというようにとらえられるのですが。

僕には、**苦労していないコンプレックス**があったんです。

[補足]『なぜ、この人と話をすると楽になるのか』（太田出版）から該当箇所を引用する。

自分を許せるか否かなんていう問いを立ててしまうこと自体、非常にメンドくさい。でもぼくは、ここまで話してきたようなことを毎日考えて、手順を踏んできた。それは、自分を許すための手順だったような気が、いま、するんですね。

——あー、それは割と多くの麻布生に共通しているかも。

苦労していないなあといまでも思いますもん。でもどれくらい苦労したら誰からも苦労をしたと認めてもらえるのかと考えるとキリがない。たとえば漫画本を何百冊も一気読みするって、つらいひとにはつらいはずなんです。でも僕には苦労でも何でもない。だからそんなに気にしなくていいんだということは、社会人になってだいぶたってからわかったことですね。

——コミュ障を克服して、いま、アナウンサーをどういう仕事だととらえていますか？

どんなことでも時間に合わせて喋れる仕事だと思います。一分で説明しろと言われたら、湾岸戦争もグラタンの作り方も一分でできます。まず概略をつかみ、それを核にして、尺に合わせてディテールを追加していくってことが瞬時にできる。

その点、オタクの習性が活かせます。オタクって、違う本を読み始めたらその瞬間に違う世界観に囚われるんですよ。その切り替えが速くて深い。いろんなものを雑食で見ていることが自分にとって良かったなと思います。

それを可能にしているのが、フラットに偏見がないことです。「なんでもいい」観。意外と残りがちなエリートへの偏見も麻布で消失しているし。多様性ってみんな口にしますけど、**多様性って口で説明することじゃないんですよ**。僕の場合は麻布とコミケ（コミックマーケット）で多様性を体験しましたね。

——では最後に、アナウンサーとしての奥義を活かして、一分で麻布を紹介してもらってもいいですか？

では一分で麻布の話をしたいと思います。

麻布というのは普通の学校だと思うんですよね。ただ、その普通というのが「社会の普通」ではなくて「世界の普通」。

「世界の普通」というのは、こうあの……、「みんなが同じものに興味をもつなんてあり得ないじゃないですか」とかね、あと「人間関係にそもそも上下なんてない」。うん。で、無意味な競争がなければイヤなやつというのも存在しない。だけど、最低限人間として守らなければならないということは存在する。これはこれでむちゃくちゃなやつをいっぱい見てるんで、それはそれでわかるんですけど。

ただ「それを守ろうとすることに、特に努力はいらないんじゃないか」というのが人間にとっての「世界の当たり前、普通」なんじゃないかと思います。

で、これ卒業して初めて口にしたんですけど、ちょっといいこと言っている感ある気もしますが、そんな気分あんまないです。これが無意識に身につく、当たり前としてこの雰囲気が充満しているのが麻布なんじゃないでしょうか。

以上一分です。

第九章

勝利至上主義を捨てた東大卒プロゲーマー

ときど（本名：谷口一　たにぐち・はじめ）

一九八五年七月七日沖縄県生まれ。二〇〇四年麻布高校卒業、二〇〇九年東京大学工学部卒業、二〇一一年東京大学大学院工学系研究科中退。二〇〇二年第一回「Evolution」カプエス2部門で初優勝、二〇一七年「Evolution2017」ストリートファイターV部門優勝など、世界大会における優勝回数は世界トップクラス。

［麻布卒業後のときどさんの人生のあらすじ］

東大在籍中も三年生まではゲームの大会に頻繁に出場し、結果を残す。しかし四年生になったとき、研究の面白さに目覚めた。ゲームを忘れ、それまでゲームに注いでいた情熱のすべてを研究に注いだ。国際学会で賞をもらうほどの成果を残したが、大学院進学試験での点数が足りず、希望の研究室には入れなかった。どんなに情熱を注いで成果を出していても、テストの点数が足りなければさようなら。それまで信じていた社会システムへの強い不信感を抱く。院の研究室にはほとんど通わず中退を決め、地方公務員の最終面接まで来たときに、アメリカの企業から一通のメールが届く。プロゲーマーとして契約したいという内容だった。人生最大の決断を迫られる。「お前はこれからどう生きるのだ」。同時に、自分がこれまでの人生のなかで何一つ自分自身では決めてこなかったことに気づく。プロゲーマーになると決めた瞬間、「この判断は正しい」という直感があった。しかしそれから三年後、勝てなくなった。冷徹なまでに勝利至上主義のプレースタイルは「ときどは、強いけど、つまらない」と酷評されてきた。そのままではもう勝てないと悟った。限界を突破するには結局、合理性や効率よりも情熱や闘争心が必要だと気づく。ときどさんの活躍によって、日本におけるプロゲーマーの地位は飛躍的に向上した。

――生まれたときからファミコンがあった世代ですよね。物心ついたころからゲーマーだったんですか？

割と自然豊かなところで育ったので、小三くらいまでは外遊びもたくさんしていました。でも小三で引っ越して、新しい学校に全然なじめなくて、一人で遊べるゲームの世界にのめり込んでいきました。沖縄にいる母方のいとこと「バーチャファイター」というゲームをやってコテンパンにやられて、対戦格闘ゲームの奥深さに気づいたのもちょうどそのころです。

［補足］学校の友達が相手であればどんなゲームでもそれなりに互角に遊べたのに、いとこにはまったく歯が立たなかった。初めてゲームを本格的にやりこんでいるひとと対戦したのだ。世の中にはさらに強い「ゲーマー」と呼ばれるひとたちがいることも教えてもらった。「ドラゴンクエスト」や「ファイナルファンタジー」のようなゲームではゲーム開発者が設けたゴールをクリアすれば終わりであるのに対して、**対戦格闘ゲームには終わりがない**と、ときどさんは著書『東大卒プロゲーマー』（PHP新書）で述べている。

――中学受験のために塾に通い出したのはいつごろですか？

引っ越して間もなくです。「塾には行っておいたほうがいい」と父に言われて。最初は個人塾で、僕としてはその塾も気に入っていたのですが、父の意向で日能研に転塾しました。塾に行ってからは結構勉強しましたよ。

父の家はものすごく貧乏だったんですけれど、もともとは武家だったプライドがあり、何はなくとも教育は優先する方針だったようです。ですから僕が小さなころから、よく算数クイズみたいなものを出すなど、生活の中で自然に頭を使うようなかかわりをしてくれていたのを覚えています。塾に通う前から家でドリルみたいなものもやらされていました。

――では、塾でも最初から割とよくできました？

できましたね、おかげさまで（笑）。あと、成績が良くなるとゲームソフトを買ってもらえる約束でした。それはすごいモチベーションになりましたね。

――ご著書を読んで予習してきたのですが、プロゲーマーになろうかどうしようか悩んでいるときに、お父さんが**「この業界が、おまえの考えるとおりに発展していったとしたら、『東大卒』の肩書きもきっと、そこで役立てられるはずだよ」**とアドバイスしてくれたそうですね。リベラルな方なんですね。

父自身が、ミュージシャン志望だったのに泣く泣く歯科医になったようなひとなので。

[補足]「『尊敬する人間は父です』僕は照れもせず、そういえる人間だ」「僕が東大を目指したのは、父親に勧められたからだった」と著書で述べている。

――麻布を選んだ理由は？

いちばん大きな理由は制服を着なくていいことでした。自由というワードにも惹かれました。父方のいとこが麻布出身だったので、両親がなんとなく校風を知っていたというのも大きかったですね。成績的にも普通にやれば受かる感じでした。

――では、麻布時代について聞いていこうと思うのですが。

そこが自信なくて。あんまり記憶がないんですよ。ゲームセンターに行くことができたというのが麻布の良さというか……。

――中高六年間は麻布というよりゲームセンターで育った感じですかね（笑）。先生から「お前、毎日ゲームセンターに入り浸っているみたいだけど大丈夫か？」なんて言われたことはありませんか？

それはもういっさいなかったですね。高一くらいで昼休みにゲームセンターにいたときに、物理のA先生が突然入ってきて、別の麻布生の耳を引っ張って連れて行ったのを見たことはありますが、僕はセーフでした。

――ときどさんに対しては「コイツは本気でゲームを突き詰めようとしているから好きにさせてやろう」と思ってくれたけど、捕まった生徒に対しては「コイツはいまゲームセンターにいるべきではない」と、別々の基準で判断していたということはないですか？

いや、僕は学校ではあまり目立たなかったので、麻布生だと気づかれなかっただけだと思います。耳を引っ張られていたのは学校でも目立っている生徒でした。でもゲーセンに先生が来たというのもそのとき一回きりで、むしろ麻布の先生たちは生徒がトラブルを起こしてもなんとか生徒をかばおうとしますよね。そういう意味では**麻布に対する信頼感**が僕にはありますね。

——親御さんも何も言わなかった？

高校生になったときに「ちょっとは勉強したら？」と言われたので塾に入ったりしましたけれど、少なくとも中学生のうちは何も言わなかったですね。

——ゲームセンターを主な居場所にしながら、書道部と山岳部にも所属していたんですよね。

新入生のときに書道部の猛烈な勧誘を受けて断り切れなくて入りました。でもいざ活動日に書道室に行ってみたら、部員は誰もいなくて僕一人。意味がわかりませんでした。先生も困っている様子でしたけど、マンツーマンでやりました。そのあとも部活に来る先輩はいつも僕のほかには一人だけで、その先輩が引退してからは僕一人。嫌なんだけどやめるにやめられなくて続けました。

山岳部といってもこれがまたふざけていて。高尾山に行ってロープウェイに乗ろうとするんですよ。さすがにそれはまずいでしょって、歩きましたけど。その割に思い立ったかのように難しい山にも挑戦して、みんなバテバテになるという。

［補足］山岳部先輩の第一章谷垣禎一さんが嘆く様子が目に浮かぶ……。

――「ときど」というニックネームが付いたのは中一のときですよね。

はい。「ザ・キング・オブ・ファイターズ」というゲームで僕がよく使っていたキャラクターの八神庵《やがみいおり》の決め台詞「とんで、キックからの、どうしたぁ！」の頭文字です。ゲームセンター仲間が付けてくれました。

――一七歳で世界一になる。そうなるとますます「俺の生きる道はゲームだ！」ってなりません？

いや、それが思わないんですよ。そもそもゲームで食うという発想がなかったです。

――そこはすごくリアリストなんですね。

ゲームセンターにいたらそうなりますよ。

——どういう意味ですか？

要は日陰者なんですよ。いまでこそプロゲーマーが市民権を得ていますが、もともとゲームセンターは、ほかに居場所を見つけられないひとが集まる場所だったんで。いい学校に通いながらゲームも強い僕みたいなひとは珍しかったはずです。でもみんな温かくて、「お前は道を踏み誤るなよ。俺らは踏み誤ったけど」みたいな忠告をしてくれるんです。先輩後輩の関係みたいなことも僕はゲームセンターで学びましたね。

親は「うちの子、大会に出るくらいゲームで活躍していて」なんて親戚の前で話すのですが、僕はそれが嫌でした。やっぱり当事者にしかわからないんですよ。ゲームセンターがどういう場所なのかということが。世間一般に思われているよりももっと嫌なものというか、ヤバいことをやっているという意識は、トッププレイヤーのなかには当時結構ありました。いまは変わりましたけどね。

僕が尊敬する先輩たちはそういう状況のなかでも「それでも俺にとってゲームは特別な意味がある」って言って、自分なりに意味を見つけてやり続けていました。そういうひとたちにはいまでもまだ敵わないですもん。

——たとえばウメハラさん（日本初のプロゲーマー・梅原大吾《うめはらだいご》さん）とか？

ウメハラさんなんかはそうです。僕はちょっと勉強に逃げちゃった感があるんですけど、ウメハラさんがどれだけ真剣にゲームをやってきたかは、プレーを見たらわかります。当時はやむなくやめていったひとたちもたくさんいるんですよ。才能があって華のあるプレーができて、いまだったら間違いなく食っていけたはずなのに。

——話を戻して、麻布っぽいなと思うエピソードってありますか？

逆立ちしても絶対に勝てないひとがいましたね。小学校までは学校でも塾でもトップの成績でしたが、まったく歯が立たないひとがいました。彼もゲームセンターによくいたんですよ。それなのに高校になってジツリキ（実力考査）をやってみるととんでもないスコアを叩き出すんです。

あるとき国語の答案が返却されて、彼が猛烈に怒ってるんです。「この解釈の違いで減点されるのは納得いかない」って、ものすごい勢いで先生を詰めてました。テストで点をとることへの執念の強さに驚きましたよね。普段はすごく温厚でいっしょにゲームしたりバカをやったりしているけど、こいつにとって本当に真剣なのは勉強なんだって。

一方で、これまたよくゲームセンターで見かけるひとがいて、そっちは赤点だらけの問題児で、麻布にしては珍しく停学にもなっていたくらい。でも、麻布生って高三になるとみんな勉強モードになるじゃないですか。そのひとは、一浪はしたんですが、東大に入りました。めちゃめちゃびっくりしました。

――ときどさんの成績はどれくらいだったんですか？

最終的には上から七〇～八〇番くらいだったと思います。一浪は覚悟かなと思ってました。

[補足] ときどさんは高一から塾に通い、高校時代、学校の授業と合わせれば一日八時間勉強し、一日五時間はゲームをしていた。浪人時代は一〇時から一九時まで勉強したあとゲームセンターに行き二三時までゲームすることを日課にしていた。（『東大卒プロゲーマー』による）

――得意科目を活かして受験できる理一に進み、三年生からは工学部マテリアル工学科を選びます。さらに院まで通いましたね。

就職に強そうだなと思ってマテリアル工学科を選びました。さらに理系の東大生の九割は院まで進むといわれていたので、僕も何となく。僕、プロになるときに思ったんですけど、ほとんど決断をしてこなかった。レールが敷かれていて、そこに乗って行っただけだった。

――そこが人生ですよね。どこかで必ず決断を迫られるときが来る。それが早いか遅いかであって。普通に麻布には入れちゃって、一浪くらいすれば東大も入れちゃって、当然そのときそのときは一生懸命なのだけど、それって本当に……。

自分の決断じゃないんですよ。大学院をやめようと決めて、普通に就職するかゲームの道で食っていくかを本気で考えたときに、**ようやく自分の声が聞こえた**んですよ。

――ご著書の中のあそこの描写はすばらしかった。文学になってましたよ。

あそこが人生のターニングポイントですよね。本当にスッキリしました。悩んだ時間は長かったけど、「ここで踏み出さなかったら後悔するだろうな。やりきれなくなるだろうな」と。でも、いろいろなひとにめちゃくちゃ止められましたよ。

麻布の友人ですら「いや、それはお前、普通の会社行くだろ」と普通の就職を勧めてきて。俺、ちょっと期待してたんですよ。**麻布生ならひょっとして面白いアドバイスをして**

くれるんじゃないかと思って。

さらにゲームセンターのひとたちがいちばん反対しました。自分たちがどんだけヤバいことをやっていて、プロという道がどんだけ危ういのかを彼らはいちばんよく知ってますから。いままで世間から受けてきた仕打ちを考えると「さすがにやめとけ」と。

——他に選択肢がなければ「俺にはこれしかない」と早々に決断できるところ、ときどさんの場合は能力的に選択肢がたくさんあるからこそ、一つのことに賭けることで生じるコストすなわち捨てなければいけないものが大きいと思うんです。そこで自分の価値観を貫くには、より強い精神力が必要なのだと思います。

プロになってからも結果が出せなくて悩んだことはありましたが、いちばんキツかったのは、自分という人間がわからないときでした。あらゆる物事が、僕に決断を迫っているような気がしました。「**お前はこれからどう生きるのだ**」と。あのときまではわかっていなかったんでしょうね。

［補足］ときどさんの活躍は結果的に「東大卒が本気でゲームをやって何が悪い！」というメッセージを世間に広く問いかけた。日陰者の集まりだったゲームの世界に光を集

めることで、それまでダメだといわれていたものが、本当はダメじゃないのかもしれないと、人々に気づかせた。ときどさんの強い信念と仲間との結束が、硬直化した社会という荒野に一つのパラダイムシフトをもたらした構図は、ディストピアに抗うヒーローを描いた映画のプロットに似ている。

——ときどさん、そのときに本当の意味で自由になったんでしょうね。でも、麻布出てすんなり行っているひとでも、わかってないまま大人になっているひとは多いでしょうね。

そうだと思います。

——ほかの同級生はどうですか?

いまでも仲がいいのはいて、飲み会とかに顔を出すとすごく応援してくれるというか、**「いい生き方をしているよな」**的なことを言ってくれます。みんな大企業の立派な肩書きをもっているやつらですよ。

——社会的に見れば〝成功者〟たちが、ときどさんの生き方を見て「かっこいい」と認めてくれるわけですよね。ご著書にこんなフレーズが出てきます。「『東大まで出て、なんでプロゲーマーになったのか』必ず聞かれるこの問いに、問い返してみたいことがある。『**もし東**

大を出ていたら、あなたは何になりますか?』」。これは深いです。職業柄、いろんな東大生に取材するんですが、「なぜ東大を選んだんですか?」と聞くと、「選択肢を広げるためです」というのが多いんです。でも東大まで出て弁護士になったのに町弁護士なんてやったら負け組とか、東大の医学部出たのに町医者なんてやってられないとかいう話も聞くんです。つまり、東大に行ったことによって増えた選択肢のなかでしか選択できない人生を生きている。「東大まで出たのに……」が逆に選択肢を狭めることがある。

僕の場合は大学院でどうしようもなくなって、レールが敷かれていないと何もできないんだなと気づきました。

それに気づくと、いままで背景でしかなかったものがいきなりリアルに浮かび上がってきて。昼間に公園のベンチに座っているスーツ姿のおじさんなんて、いままで全然目にとまらなかったのに、「ひょっとしてこのひとたちもつらい思いをしているのかな」なんて思えてくるようになりました。

［補足］「東大卒のお坊さん」「東大卒の漁師」などというワードにパンチ力を感じるのは、世間にまだまだ「東大なら官僚」「東大なら一流企業」というような思い込みがある

からだ。その思い込みが社会を硬直化させていると私は思う。

つい先日私は、東大における女子比率が低いことを自由研究のテーマにしたという名門女子校の中三生からインタビューを受けた。「女の子なのに東大?」という価値観は右記の思い込みのまさに裏返しである。インタビューの最後に、その学校の生徒たちに向けたメッセージをほしいと言われた。私はその場で五分ほど考えて、次のように答えた。

「みなさんは人生の選択肢を広げてください。でも僕が言う『選択肢を広げてください』という意味は世間一般でいわれる意味とはちょっと違います。〝いい学校〟に行けば選択肢が広がると、多くの大人が言いますよね。たしかに就ける職業の種類が増えたりはします。でも、そのために努力をして〝いい学校〟に入ったとすると、そのひとたちは、それによって増えた選択肢しか選べなくなることがあるんです。それって人生の選択肢をむしろ狭めてしまいますよね。これを私は『エリートの落とし穴』と呼んでいます。みなさんは優秀だから、ちょっと努力すれば〝いい学校〟に行けると思います。でも、それによって増えた人生の選択肢だけでなくて、もともとあった選択肢も残っていることを、忘れないでください。では、どうやったらあらゆる選択肢を常に視野の中に入れておくことができるか。それを考えてみてください」

――大学院を中退してゲーム一筋になって、三年くらいしたときにスランプが訪れる。そこで勝利至上主義、徹底合理主義的戦い方を手放します。**「ときどは、強いけど、つまらない」**と言われても、それまでは「強いと認めてくれればそれだけで本望です」という嫌みなスタンスだったけれど、そのスタイルを手放す。そのきっかけは？

ウメハラさんのスパーリング相手を引き受けたときです。インチキしているんじゃないかと思ったくらいの実力差に打ちのめされました。感心すると同時に怖くなりました。高いレベルに行けば行くほど、公式通りでは勝てない。情熱や闘争心が、合理性や効率を凌駕《りょうが》することを知りました。

［補足］第五章の宮台真司さん的にいえば、ときどさんはこのとき初めて合理性の外に出たということもできる。

――スランプを脱出する手がかりとなったのが空手を始めたことだったとも、雑誌のインタビューでお話しされていますね。

ある剣道家にどうしても勝てない相手がいて、相手の研究を捨てて自分が強くなるためだけに一年間ストイックに練習して、最終的にその相手に勝つというドキュメンタリーを見て、それがすごく刺さって。

僕も若いころは相手の戦い方を研究してその癖を突いてやることが多かったんですが、相手も人間なんで変わるんですよね。向こうだってこっちの研究をしてくる。だから結局相手を見るんじゃなくて、**自分を磨き上げるしかない**と気づき始めていたころでした。

そこに来て、剣道のような由緒正しい武道でも同じなんだということを知って、そこから学ぶべきことがありそうだと直感しました。だから本当は剣道をやろうと思っていたんですが、知り合いに空手を勧められて、やったらハマりました。

――武道の達人がそういう領域にまで行くというのはよくわかるのですが、ゲームでも同じところにたどり着くんだというのは目からウロコでした。ゲームってそんなに奥深い世界なんだと。竹刀がコントローラーに変わっただけですね。また、著書の中で面白かったのは、ゲームはオンラインでも練習できるけど、やっぱりリアルに同じ空間でやると切磋琢磨できるスピードが全然違うと述べていたことです。いま、コロナで、もうぜんぶオンラインでいいじゃん的な雰囲気がありますけれど、最もオンラインでよさそうなゲームの世界のひとたちが、「やっぱ、リアルだぜ」と言っているのはとても逆説的で面白い。AIやITがどんなに発達しても、その先に人間がいる限り、デジタルは媒介でしかないと。

ひとの熱はオンラインだと伝わりにくいですよ。やっぱりオフじゃないと。

［補足］現在世の中は「変化が激しい時代」「正解がない時代」といわれているが、ゲームの世界はまさにその縮図であり、時代の一歩先を行っている。ときどさんはその世界で、自分の価値観に従って新しい仕事を自らつくり出した。しかも大事なのは情熱やひととの距離感だと思い至った。これからの時代を生きるための示唆に富んだ事例だと思う。

――麻布を卒業してから、いちばん麻布を意識した瞬間っていつですか？

この業界にいて、自分はまわりよりも自由に対する責任感が強い気がします。これは麻布で培われたものだと思うのですが、逆にいえば、麻布ではこれしか教えてくれなかったんですよ。「お前ら好き勝手やっているけど責任はつきまとうからね」と。当時は「また同じこと言ってるよ」と思っていたんですが、いま思えば、それが「呪い」みたいになっている。**僕も取り憑《つ》かれているんですよ、麻布に。**

――いま、自由と責任という対比で自由を説明されたじゃないですか。でもそれってまだ自由の第一段階というか、初級編というか。自由にはさらに別の階層があるなと思っていて。次の段階としては、自分の自由が守られるためには相手の自由も保障しなきゃいけないことを麻布生は学びますよね。これは一般に「自由の相互承認」と呼ばれますけれど。でもこれもまだ目に見える自由というか、初級編の自由とあまり次元は変わらなくて。さらに、さっきさらっと「ときどきさん、そのときに本当の意味で自由になったんですね」という話をしたんですけれど、要するに、世の中が用意している価値観から飛び抜けたとき、つまり、それまで無意識のうちに自分を縛っていた価値観や思い込みに気づいてそれを手放し、自分しかもっていない価値観に従って生きることを決めた瞬間に得る自由というのもありますよね。

　麻布の創立者の江原素六もそういうひとだったんだと思うんですよ。幕府という絶対的な枠組みが瓦解して、それまでの価値観がひっくり返って、一度は沈没して、キリスト教や民主主義という新しい概念も利用しながら自分の価値観を再構築して、それに従って最後まで損得勘定なしに生きた。そうやって生きる姿勢を次世代にも伝えたくて麻布を開いた。たぶん彼が意識してる自由って、自由と責任というだけではなく、**「自分で築き上げた価値観のみを追求する覚悟ができたときにひとは本当に自由になれる」**ということだったと思うんです。いまの平校長も、自由と責任という話だけではなくて、「自分の人生の主人公になれ」とよく言っています。そういうことだと思うんです。だから江原素六は、天国からときどきさんの生き方を見て、すごく喜んでいるんじゃないかと思うんです。あ、熱く語っちゃいました。すみません（笑）。

いや、いまの話を聞けて、今日は本当に良かったです。

付録三

藝大生が振り返る麻布

川本杜彦（かわもと・もりひこ）
二〇一七年麻布高校卒業、東京藝術大学美術学部先端芸術表現科四年目三年生在籍。

川本さんとは、二〇一五年秋に開催された麻布ＰＴＡ主催のパネルディスカッションの壇上で、卒業生と現役生として会話を交わしたことがあった。川本さんが卒業した直後、週刊誌の企画で麻布に関するグループインタビューへの協力を依頼したが断られた。「まだ麻布を相対化できていない」という理由だった。そのめんどくさいスタンスが私には非常に「麻布らしい」と感じられた。本書を著すにあたって、彼はどうしているだろうかと思い出し、久しぶりに連絡をとってみた。珍しい話が聞けた。藝大生の視点から振り返る麻布の風景である。

＊＊＊＊＊

本人も気づかなかった道に気づいていた恩師

卒業直後におおたさんから声をかけてもらったのに、麻布について語る気になれなかったのは、まだ僕から近すぎると思っていたからです。かつ、僕にとっての麻布の経験は、あくまでも個々人とのつながりの話であって、当時はそれをもって麻布を語ることは難しいなぁと思っていました。

その個別具体な麻布での経験のなかから、まず高二の面談についてお話ししたいと思います。当時の担任のM先生と親の、進路面談です。面談が始まってすぐ、先生のほうから「川本君は藝大（東京藝術大学）じゃないですか？」と言われたそうです。僕はその場にはいなかったので、のちほど聞いた話ですが。

中島敦《なかじまあつし》の『山月記』を初めて扱った授業で、主人公が詩人として有名になるために技巧を凝らした詩をつくったものの、そこに何か物足りなさを感じるのはなぜかと議論したときに、「先生、彼は一流ではないですよね。自分の中から突き動かされるものに従ってでもなく、世の中に伝えたいことのためにでもなく、ただ名声のために詩をつくってもひとの心を打つはずがない」と僕が言ったと。自分では大したことと記憶していませんでしたが、「初読で、すでに自分の中にこの思いをもっていた生徒は初めてです」と言われたようです。かつ、「彼の国語力が感性優位で、論理によるものだけではないところがまたいいんです」とも。

さらに、僕は中三くらいから独学で絵を描くようになったのですが、その絵を同級生たちが「あいつの絵はいい」と言って褒めて応援していることにも言及されました。「麻布生はそう簡単に他人を褒めないのに（笑）」と。

それで「何かひとが感じながら意識できないでいることを具現化し、提示するその能力を伸ばすことに賭けてもいいのではないか」「目指すべきは藝大なのではないか」という提案だったんです。麻布で先生のほうから先に大学名を提案されることは滅多にないのではないでしょうか。

その日、僕は僕で東大のオープンキャンパスに出かけていました。自分がそこでいきいきと息をしている未来が想像できないことを痛切に感じ、「じゃあ、藝大かなぁ」と思って受験内容について調べながら帰ってきてその話を聞いたので、涙が溢《あふ》れました。いままで気づかないうちに自分がポロポロとこぼしていた欠片《かけら》を拾い集めて、「ほら、これが君の道しるべだよ」と言ってもらえたようで嬉しかったです。

男性性を一度ときほぐす必要がある

僕にとってもう一つ幸運だったのは、高二くらいから同世代の女性と話す時間を通して自己を見つめる機会に恵まれたことと言えるかもしれません。高三で通った美大予備校や大学に入ってからも、強い個性とともに凛《りん》とした審美眼で物事を眼差すひとに多く出会いました。お年の離れた方とじっくり話す時間もありました。

自分で手綱をしっかり持たんとして生きているひとの心に触れるとき、そのひとの眼差しによって僕自身が自分の当たり前に対して疑いの目を向けることになります。僕のふるまいを「それって社会的な記号を実装しているだけじゃないの？」と指摘されたこともありますし、そのひと自身が記号としての言葉ではなく自分なりの言葉を紡《つむ》ごうとしている様《さま》に対面して、大きく影響を受けました。

男性・女性と「性」でくくるのはあまり有用だとは思えませんが、それでも女性が一つの個であるとともに、大きなスケールの命の気配、巡る流れのなかに存在していると感じることがあります。「母性」という概念があるのであればいまの自分はまさしくそれを目撃し、あるいはそれに照らされているのではないかと思わされるような。自分が頭でっかちに小手先で何かを解決しようとしている態度であるとか、幼稚な欲求の先鋭化が見透かされることはとても幸せなことだと知ったのだと理解しています。

少し前に、グレイソン・ペリーというアーティストが書いた『男らしさの終焉《しゅうえん》』（フィルムアート社）を読みました。端的にいえば、社会や歴史が男性に要求してきた強さ、男らしさを男性自身が率先して手放したほうが男性のみならず社会全体にとっていいはずだという話です。読み進めながら、そこで語られている多くの「男性が知るべき自らのあるべき弱さ」を、僕は断片的でも対話のなかで見つめることを既に経験していたのかもしれないと思いました。

振り返ると麻布というホモソーシャルな環境の中にいたからこそ、いや正確にいえば僕らの学年にも多様な性がありましたけれど、基本的には学校生活の諸々において女性に面する男性という前提の考え方が構築されなかったのだと思うんですよね。男性性を要求される圧力が限りなくゼロに近い、ある意味での聖域で育つわけです。男性としてのロールプレイを要求されなかった。それによって守られるものってたくさんあったんだろうと思っています。

ただし、ホモソーシャルな環境が仲間意識の確かめ合いみたいな方向に向いてしまうことには気をつける必要があると思うので、男子校出身者としてそこで、「いままでとこれからの男らしさ」についてみんなで和気藹々《わきあいあい》と話し合える環境があったらと願います。社会における意味からファッションや潜在的なふるまいにいたるまで、いままでの「男らしさの当たり前」を自分たちで解きほぐし並べてみて、丁寧な知性や感性をもって各々の「自分らしさ」を醸成する場として。

言葉の速さに自覚的になれるか?

「麻布生」と「藝大生」。二項対立で捉えることには慎重でありたいですが、それでも僕にとって対比せざるを得ないほど凄まじい振れ幅があったのも事実です。総じて麻布生の言語化能力は単位時間あたりに突出した速度と量を出現させ、そこには速さを躊躇《ためら》わないでいられる悦《よろこ》びが生じやすい。「速く」「多く」語ることが堂々とできる世界を希求する。でも、その無邪気な悦びを同じようなコミュニケーションパターンとして藝大生に向けることは通用しない。逆に藝大生のコミュニケーションを見ていると、自分自身が内包する「速く」「多く」語るコミュニケーションへの欲求がとても傍若無人《ぼうじゃくぶじん》なものに思えることもあります。

一方で、麻布生も藝大生もある種の過敏さをその身に有している点で共通しているという実感をもちました。いろんなものを感じてしまう、見えてしまう。そのときの反応において藝大生ならば身体性に委ねる比重が高いのかもしれないし、麻布生は言語の比重が高いのかもしれない。

コロナのステイホーム期間中に、麻布の同級生たちとのオンライン座談会が開催されました。高二〜三のころにはできなかったであろう、それぞれがそれぞれの成熟を持ち寄ったような会話がなされているなと思いました。帰ってきたという懐かしい感覚も味わいました。

僕は基本的には言語化が加速できるならできるに越したことはないと考えています。自分の確信と懐疑《かいぎ》をくり返して言葉に落とし込んでいくことで前に進みます。でも、藝大に入ってからその前提をメタメタにされるような経験もしました。

身も蓋もない言い方をすれば、麻布生に比べて藝大生の語りは遅いわけです。ただ藝大生の語りは麻布生とは別のベクトルから置かれる言葉であって、藝大生たちが発する数語の言葉のほうが、自分が発する一〇〇の言葉よりも端的に作品や事物を言い表し、この世界をガシッとつかんでいるみたいなことが結構あって。自分から発されているはずの語りの薄さをひしひしと感じました。とても苦しい気づきですが、気づかせてもらえることは幸運なことです。

現代の社会で多くのひとが頼っている言語体系が、実は人間の歴史や文化の中ではごく一部でしかないということを、藝大に入ることによってまざまざと見せつけられたわけです。逆に、自分の言葉による語りの速さへの要求を相手に押しつけて傷つけてしまったこともある。自身がその速さに敏感になると、無自覚に速い言葉を語りとして使っているひとには感情的な距離が生まれてしまいますね。

それで、言葉を止めて、写真なり映像なり身体なりを使って何を語れるだろうか、語ろうとする以前にそこには既に何があるだろうかと試行錯誤する時期をすごしました。そして、それを経て「やっぱり私はその速さをもって言葉を語り続けなければいけない」というところに帰ってきました。久しぶりの麻布生たちとの対話でそのことを強く実感したわけです。

僕の中に麻布生と話すときの〝面《つら》〟と藝大生と話すときの〝面《つら》〟の両方があって、どちらかの自分を選んで使い分けなければならないと勝手に思っていたのですが、いまは二分することなどできない自分らしい面《つら》があるはずだと信じて探しています。座談会のメンバーのなかには、中高時代と同じスピードで言葉を使い続けてきたであろうひともいて、それはそれでとても素敵だなと感じました。

ちなみにそのメンバーを少し紹介すると、東大の経済学部に進んだけどやっぱり自分の進むべき道は作曲だと気づいて音楽の道に行こうとしているひとや、早稲田に入って土木業界に関する学生団体を運営しているひと、ボディビルディングに邁進《まいしん》しつつ東工大に通っているひとなど、個性的な面々が目につきますね。同じ学年にはほかにも、学習院に籍を置くも能楽師を目指しているひとや、プロの雀士になったひと、台湾でデザインや編集のスタジオを運営しているひと、自衛官を目指しているひとなども。麻布のみならず世代ごとの社会における「成功モデル」みたいなものがどんどん更新されていくと面白いですよね。

ちゃんと孤独であれ

速い言葉をもっているというのは豊かさではあると思うんですね。でもその豊かさには、それをどう使うのかという責任がともなう。

さきほど話した過敏さも、本質的には豊かなことだと思います。ただ、他者と共有しにくいものを感じてしまう、見えてしまうということは、孤独なことでもある。そしてそれは誰かとつながることで回避するべきものではなく、私が私として受け止めなければいけない孤独ですよね。そこに自分を投じるタフネスがあれば、孤独は孤独でも、豊かな孤独でいられるかもしれない。

さっきのM先生が、高三の国語の最後のほうの授業で、谷川《たにかわ》俊《しゅん》太郎《たろう》さんの詩を引用して絶対的孤絶性について話をしてくれたそうです。ひとがまず個として孤独である状態から始まって、それがつながっていくんだと伝えようとしていたらしいんです。僕は高三ではM先生の授業を受けていなかったので、友人から聞いた話なんですが。要するに麻布での最後のメッセージが「君たちはちゃんと孤独であれ」ということだったと。それは、授業で取り扱われるテーマや学校の態度から僕自身が感じとっていたことと重なります。

最近「教養」というものを人々が歴史のなかでどのように解釈して語ってきたのかについて改めて興味をもつようになり、このコロナ禍中にその手の本を読み進めたのですが、教養について考えていくと世情からどんどん遠ざかっていくというか、本当はお前は独りなんだということを突きつけられます。

だからこそ、麻布の環境を守り育んできたひとたちは、ちゃんと独りで沈むことの大切さを伝えようとしているのだと、いまの僕なりに理解しています。

一人のひとが何かを知るためにあるいは自分を知るために切実に生きようとすれば、一人で深い海の中に潜っていかなければいけないときがある。途中まで誰かが見送ることはできるが、ある程度深くなるとそこからは一人で進まなければいけない。でも、そのひとが潜っていくのを見守ることと、潜ったという事実を忘れないこと、そして潜ってまた上がってきたときに祝福して抱きしめることは、きっとできるはずですよね。

中高時代の僕は、静かな場所を求めてときには保健室でお昼を食べたり、教室の後ろにあるロッカーの上に座って授業を受けたり、思いつきでいろいろとやりましたけれど、自分が自分らしくあるためにとったそれらの行動を、一度も頭ごなしに否定されたことがありません。あげつらわれたことも。そういう行動を、麻布の中では特別なことだと思わされなかった。

でも、麻布の外に出ていろいろとぶつかる経験をして、「あ、僕がいままでやっていたことは当たり前のことじゃないんだ」と気づきますよね。そのとき初めて「僕は守られていたんだ」とわかる。やっと。

いま思えば、もし傍から見たら突飛な一連の自分の行動が特異なことだと自分が認識させられていたとしたら、そのこと自体が、自分が自分であるために特別なことをしなければいけないという根拠になってしまっていたと思うんです。それが徹底的に回避されたことで、誰に必要とされるわけでもなくありのままにある自分の姿でそこにいられたことを、時を超えていま理解できます。その感覚的体験によるベースがあって、あらゆる事象、ひと、経験をありのままに感覚する「私」があっていいんだよと、いまでも麻布から言い続けてもらえている気がするんです。

麻布に入ったから自分がこうなったという感覚はありませんが、麻布で守られた自分がいて、いまでも励まされ続けているという感覚はあります。

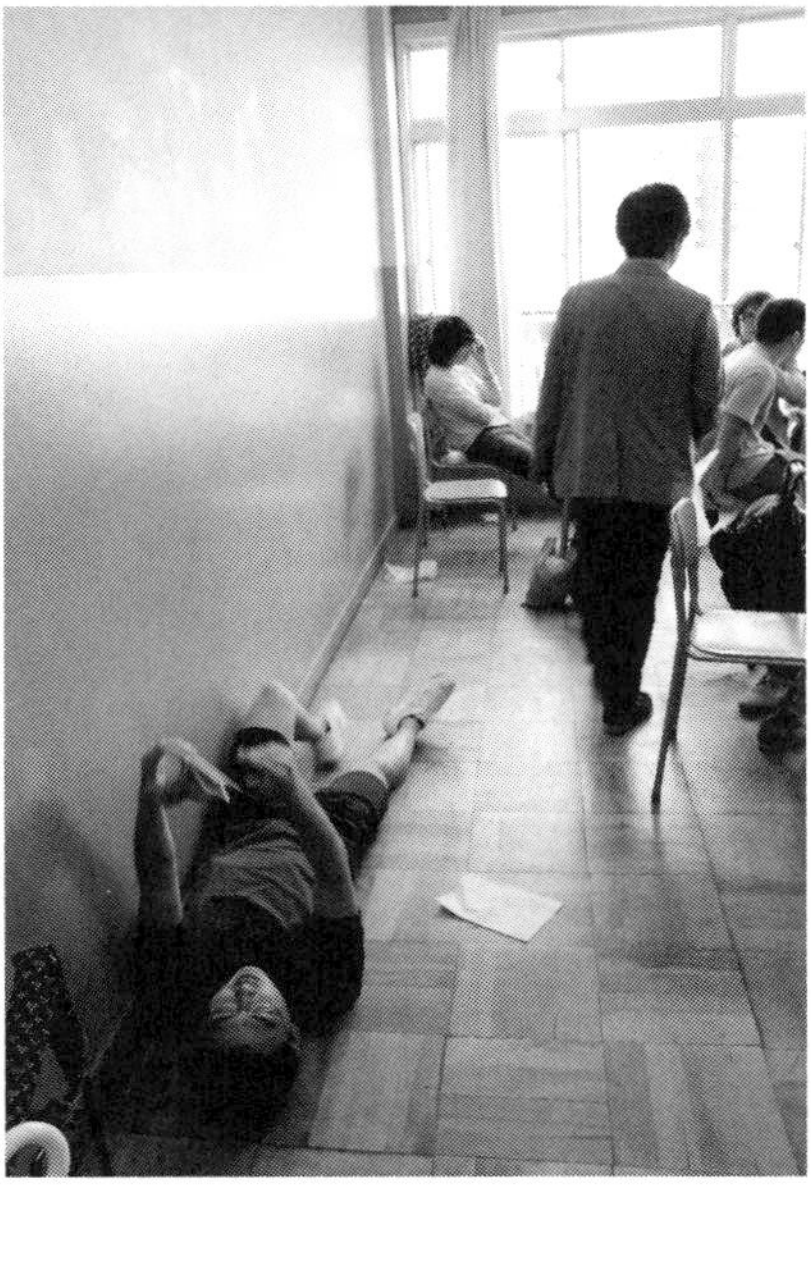

写真提供：川本杜彦
いずれも川本さんの在
学中に撮影

付録四

現役生が見る麻布の論点

現役生二人に話を聞いた。麻布の日常を語ってくれているだけで、特にすごい暴露《ばくろ》をしているわけではないが、念のため学年も名前も伏せておく。仮名をマイクとジミーとする。

＊＊＊＊＊

テストを脅しに使わない先生

おおた　なぜ麻布だったんですか？

マイク　自由だと聞いたからです。小学校が苦しかったんですよ。小さいことでいろいろ言われたから。たとえば掃除の時間にロッカーの上まできれいにしてやろうと思ったら危ないからやめろって怒られたり。あと、これはいまもなんですけど、僕には課題を溜める癖がありまして、小五の担任の催促があんまりにもしつこくて、僕、不登校になったんですよ。

おおた　課題を出させようとして学校に行けなくなるって本末転倒ですね。

ジミー　僕は小学校での女子のいざこざが嫌で、男子校がいいなと思っていました。しかも小学生時代の僕はどちらかといえばはっちゃけた性格だったので自由な学校がいいなと思って。

おおた　入ってみてどうでした？

ジミー　濃いやつが多いというのが第一印象です。自分自身も含めて、小学校で浮いてしまっていたやつらが集められたみたいな。それと、入学当初は昼休みにポテトチップスを買っているというだけでかなりの高揚感がありました。いまとなってはごく当たり前のことですが。

おおた　授業なんかはどうですか？

ジミー　生物のテストは毎回面白いですよ。

おおた　どんな意味で？

ジミー　問題自体は普通の問題なのですが、選択肢が異常に多くて、ぜんぶ面白おかしくアニメキャラに絡められています。先生、一生懸命考えてるんだろうな。しかもテストの最後にピクロス（塗り絵パズルみたいなもの）が付いていて、それさえできればとりあえず赤点はクリアできるように計算されています。

おおた　粋な思いやりですね。でもそうしたらみんな授業を聞かなくなっちゃうんじゃないですか？

ジミー　いやそれが、授業は授業でものすごく面白いので、みんなちゃんと聞いてるんですよ。テストを脅しに使わずに、自分の授業力で勝負しているんだなと思います。ああいう大人になりたいなと思いますね。

おおた　その先生、かっこいい！　文化祭で知り合った女の子にふられちゃったとか、お父さんとお母さんが毎晩喧嘩しているとか、中高生にもそれなりに事情があって、勉強に身が入らないってことはありますからね。そこで赤点だと言われて追いつめられたら嫌になっちゃいますよね。

マイク　だからそのH先生は生徒からも信頼されてますね。

おおた　スマホなんかの扱いはどうなってます？

マイク　もちろん校則としての規定はありませんが、学年単位で決めているようです。僕らの学年は中二までスマホ禁止でした。

おおた　禁止というのは？

ジミー　中一では学内での使用は一切禁止、中二では六限が終わるまで使用禁止でした。

マイク　中三から程度問題。スマホに関しては先生によって対応の差が大きいですね。

ジミー　取り上げられてもその日のうちに返してくれる先生と、一カ月返してくれない先生と、割と極端に違うよね。

おおた　先生たちの見解を一律にしないところが麻布っぽいなということはできると思いますね。正解はないですからね。

「特権階級意識」という新たなる怪物

マイク　運動会が教員主導になったという事件もありましたね。

おおた　プログラム決めからパンフレット作成から、当日の仕切りまでぜんぶ教員がやったんですよね。あれって麻布の歴史のなかで、運動会中止よりも重い、生徒にとっては屈辱的なできごとだったはずなんですけど、「生徒たちが嬉々として先生に従っていたから、それはそれでがっかりしちゃった」なんて平校長が言ってましたよ。運動会実行委員会が規約にのっとらない形で発足し、そのような横暴をする組織に自治を任せられないっていうのが理由だったと聞いています。

ジミー　僕らはまだ低学年でその意味がわかりませんでした。

おおた　学校が発行している『麻布学園20年の記録』を読むと、二〇〇七年くらいから「麻布の自治の危機」が叫ばれています。表面的には似たような不祥事でもその内実が変わってきていると。運動会実行委員会（以下、運実）や文化祭実行委員会（以下、文実）が一部の生徒に牛耳られてある種特権階級化していて、それが数々の不祥事の背景にあるという話を以前、平先生から聞いたこともあります。

マイク　あの内輪のノリはちょっとキツいっすね。

ジミー　特権階級という言葉がホントにふさわしい表現で、かなり横柄なんですよ。

おおた　これはメディアにおける麻布の描かれ方を含めた麻布をとりまく構造の問題として語られるべきで、特定のひとたちを非難する文脈にならないように気をつけなければいけないですけれど、お二人の率直な印象としてはそういう感じなんですね。

マイク　文実は新規メンバーの勧誘も強引で悪質です。放課後の教室に残っている生徒を取り囲んで帰れないようにしてねちっこくやるんです。そういうところからもイメージが悪くなっています。文実の暴走を防ぐために執行委員という組織がつくられたのですが、それもあまり機能していないですね。

ジミー　文実マターの物事を決定する方法に全校投票があります。でも文実に対する不信感が強くって有効投票数が集まらず、結果が無効になったことがありました。

マイク　規約改定事件（一部の生徒が自分たちに都合のいいように文化祭運営に関する規約を変えてしまった事件）とかもあって、一般の生徒たちからは総スカンだったんです。

ジミー　決議を急ぎたかった文実執行部は、全校集会という最終手段で強引に決めようとしました。そのためには三分の二だかの生徒の参加が必要なんですが、みんな普通に帰ろうとしますよね。そうしたら文実の構成員たちが校門に立ち塞がって人間バリケードをつくり、帰らせないようにしたんです。帰ろうとする生徒の数のほうが圧倒的に多いですから、最終的には押し切ってみんな帰っちゃったんですけど。

おおた　特権階級って自由民権運動をしていた江原素六が最も嫌う概念でしょう。学園紛争の際には同窓会の力を背景に山内一郎という怪物が生み出されてしまいましたけれど、いま別の形で麻布の中に新たなる怪物が生まれているのかもしれない。「特権階級意識」という怪物が。でも、中高生がたかだか学校のお祭りの裏方仕事をしているだけなのに、特権階級意識をもつというのは普通に考えてあり得ないわけです。だって持ち上げるひとがいなければ特権なんて感じようがありませんから。ずっと不思議だったんです。

ジミー　たしかに。

おおた　けれど、あるとき、つながりました。実は何年か前に保護者の集まりに参加したときに、保護者のなかに一部、わが子が髪を緑やピンクに染めている話だとか文実や運実の中心メンバーだということを嬉々として語るひとたちがいたんです。なんでそんなに嬉々としているのかがそのときはわかりませんでした。あとから考えてみると、「うちの子は天下の麻布の文実だ」とか「うちの子は部門長で、一般的な麻布生とは違うんだ」とか、なんかそういう特権階級意識を保護者こそが抱いてしまっていて、そのわかりやすいマークが緑やピンクの髪の毛で、それを喜んでアピールしているんじゃないかと思い当たりました。あくまでも私個人の解釈ですよ。

マイク　ああ、それわかる！

おおた　だとすると、文実や運実の生徒たちの特権階級意識は、親たちの特権階級意識の反映です。その後さらに、複数の筋の情報から、どうやら文実や運実の生徒の保護者同士における先輩後輩関係や人間関係のヒエラルキーみたいなものができていることも知りました。文実や運実での息子の役職や夫の職業や学歴でマウントしあったり、麻布の先生とどれだけツーカーかということを競い合ったり、保護者同士のいじめもあると。

マイク　そういうの、あるみたいです。文実では親のお金で宴会開いて後輩たちにおごったりするのが伝統みたいになってますし。

ジミー　僕にはちょっと理解できません。

おおた　その特権階級意識が転じて何をやってもいいという幼稚な万能感を呼び起こし、数々の不祥事を招いていると説明できますね。

ジミー　社会から外れていることこそが麻布だみたいにして悪目立ちするのは麻布の自由とは違うと思います。

おおた　若気の至りは大いに結構だと私も思いますが、それをうまくたしなめる大人が十分に機能していないのかもしれない。

マイク　わが子が文実であることを鼻にかける親もいれば、わが子の成績がいいことを鼻にかける親もいれば、わが子の部活での活躍を鼻にかける親もいて、それぞれ違うひとたちなんですけど、やっていることの根本は同じで……。

おおた　ひととの比較における優位性でしか自分たちを評価できないという。

ジミー　わが子を自分の作品のように思ってしまったり、わが子が通う学校のブランドをやたらと見せびらかす親の話は、麻布だけではなくて、ほかの進学校でもよく聞きますけどね。でも、一部の保護者でしょう？

マイク　一部の親子の問題だと思います。

ジミー　教室ではみんな自然体でいるしね。

おおた　腰痛の原因が腰にあるとは限らないのと同じように、この問題も、生徒個人の問題ではなくて、保護者や教員も含めた麻布全体の構造的歪《ゆが》みがもたらす症状がたまたまそこに表れたと解釈すべきでしょうね。メディアによってつくられてしまった麻布の表面的なイメージというのも影響していると思いますし、麻布の歴史をつくってきた卒業生および関係者全員にも責任があると思います。結構辛辣《しんらつ》な会話になっていますけど、これ、書いていいと思います？

ジミー　それこそ意見の多様性として受け入れられるべきじゃないですか。それこそ麻布の自由だと思いますよ。

マイク　平さんもよく、見た目の自由と本当の自由の違いを考えろと言ってますしね。

おおた　文実や運実のひとたちだって決して楽ではない役まわりを信念をもってやっているんだろうけど、一方で生徒間の温度差があるのも事実。「麻布の自治の危機」といわれるこの状況をみんなでどう乗り越えるのか、それが新しい麻布の文化をつくっていくんでしょうね。

有意義に使えたコロナ休校

おおた　コロナ禍中《かちゅう》の麻布はどうでした？

マイク　意外と慎重だなと思いました。一学期中はずっと週一登校のままだし。僕はそれでいいと思います。感染者数が増えているのに登校日を増やすのはおかしいと思うから。でも夏休みはしっかり長いんですよ。

ジミー　麻布の先生たちはいちいち会議をして決めるので、対応が遅くって、統率がとれていないように見える部分はあるでしょうね。僕らが面倒ごとを起こすからいけないんですけど……。

マイク　聞いた話によると、学園紛争の反省から、権限を集中させないために意志決定プロセスを慎重にしているんですよね。

おおた　そうそう。

ジミー　自由な校風ですから、先生たちも自由です。それぞれの自由な思想をもっている先生たちの意思を学校として一つにまとめるのは、その分やっぱり難しいんでしょうね。

おおた　面倒臭くてもいろんな可能性を議論の俎上《そじょう》に載せてみんなで吟味したプロセス自体が組織のメンバーの知的財産となって、第二波、第三波がきたときに正しい判断を下す可能性を増すことになるかもしれないし、面倒臭いプロセスを経ることでこそ組織のメンバーに解像度高くビジョンが共有されるかもしれない。それが民主主義だからね。組織がフリーズしてしまうのは困るけど、議論が活発ならそれもそれでいいんじゃないかと思います。

マイク　それが良くも悪くも自由だということですよね。

おおた　オンライン授業の内容はどうでした？

マイク　やっぱりさっきの生物のH先生の授業は、オンラインでも良かったよね。オンライン授業なんてH先生もやったことがないはずなのに、それでもその状況下で自分の強みをいかんなく発揮するのは、教育者として、人間として、さすがだなと思いました。

ジミー　美術の課題も面白かったですよ。八枚の絵が提示されて、そのなかから一つを選んで、その絵の続きを描きなさいというんです。どれもヘンテコな構図の絵ばかりなんですが、どこに着眼して世界観を広げていくかを見ているんでしょうね。

マイク　全体として課題が多いなという気はします。

ジミー　課題の提出率がそのまま一学期の成績になるみたいな教科もあって。

マイク　そこはらしくないと思うんですよね。

ジミー　らしくないよね。

おおた　そうなんだよね。しょうがないけどね。そこまでして成績って付けなきゃいけないのかなと私なんかは思っちゃいますけどね。で、二人は課題終わったの？

マイク・ジミー　いや、まだ（笑）。

おおた　じゃあ、時間があったでしょう。どんなことをしてすごしていたんですか？

マイク　権利関係の問題でちょっと詳しくは言えないんですけど、個人的にネット上の映像作品の研究をしました。エロ系とかじゃないですよ！

ジミー　僕は一日八時間くらいボーカロイド音楽を聞いていました。以前から興味はあったんですけど、知識量があんまりないので、ネット上にあるコンテンツをとにかく片っ端から聞きまくって勉強しました。それをもとにして自分で歌を歌って音源もつくったんですけど、パソコンの操作を間違えてデータがぜんぶ消えました。休校期間中にミニ小説を一〇〇本以上と長編小説も一本書いたんですけど、それもぜんぶ消えました（涙）。

おおた　それはショックですね。私なら立ち直れない。でもそういうことに時間を使えるっていいですね。ということは、今回のコロナ休校期間はお二人にとって有意義な時間でした？

マイク　はい！　まとまった時間がとれてよかったです。

ジミー　楽しかった！　いままでの忙しい生活って、忙しいことに満足していたと思うんですけど、いったんそれが止まったことで、いかに狭い世界をぐるぐると回っていたのかということに気づかされましたよね。

マイク そう、気づかされた。

おおた それは大人もいっしょですね。勉強はちょっと遅れたかもしれないけれどお二人はまだ大学受験まで少し時間があるからあとでいくらでも取り戻すことはできるし、そうやって視野が広がったことを考えると、今回の休校期間も無駄ではないですね。むしろのちのちの人生でこの経験が活きてくるかもしれませんよ。ところで、成績的には？

ジミー うっ。

マイク 俺たち、下から二割くらいかな？

ジミー そうね。でも俺たち勉強に時間とってないだけで、その気になればそれなりの成績をとる自信はあります。一部の変態みたいな秀才を除けば、麻布の中でも普通に戦える素質はあるよね。

マイク うん、たぶん。

おおた 二人は、良くいえば卑屈《ひくつ》さがなくて、悪くいえば危機感がなくて、いいよね。それでいいし、それがいいと思う。

ジミー　麻布生って、成績が悪くても音楽にすごい才能があったり、何かにすごく詳しかったりして、ぜんぶダメってやつは一人もいないよね。

マイク　そう。麻布のひとたちを見ていると、みんな違っていて、面白い。

終章
集団幻想を演じる舞台

というわけで、序章で述べた本書第一の目的はすでに達成できていると思う。読者のみなさんが九人の卒業生＋αの生き方から感じとった麻布生が麻布を愛する理由に、私から付け加えることはない。

第二の目的についてもほぼ目的を達成できているのではないかとは思うのだが、蛇足《だそく》として、補助線の一例を示しておきたい。

「いい学校とは何か？」「いい教育とは何か？」「子どもたちに対して大人たちは何ができるのか？」。そんな問いを抱えながら、一〇〇冊くらい書けば何らかの答えらしきものにたどり着けるかもしれないと根拠なく信じて、さまざまな教育の現場に足を運び、雲をつかむような気分で本を書いてきた。ちょうど七合目に当たる今回の本で、何かゴツッとしたものに触れたような気がした。

学校とは、集団幻想を演じる空間である。そう確信した。

本書を読めば明らかなように、言葉や絵にできる麻布らしさなんてものはない。しかしながら麻布らしさという幻想なら確実にある。麻布の空気を吸った者たちが、それぞれ勝手に自分の中に「こうあるべし」という姿を構築し、あたかもみんなが同じものを共有しているかのような幻想を互いに抱きながら、自分の役割を思い思いに演じている。全体としてその様子を見ていると、あたかもそこに麻布らしさなるものが実在しているかのように見えてくる。まるでパントマイムである。

これまでの取材経験を思い起こしてみれば、私学にせよ公立名門校にせよ、愛され続ける学校はこの点においてみな同じだ。

この、実際にはありもしないらしさがそのまま絶対的な誇りになる。人生に迷ったとき、「○○らしくあろう」と考えると、まるでそれが呪文のように勇気を与えてくれる。で、そこで改めて考える。「ところで○○らしさって何だっけ？」と。卒業生一人一人にとって、あるいは同じひとでも人生の局面局面において、その意味は変わる。

つまりらしさは、誇りであり同時に問いである。卒業生たちは絶対的な誇りを胸に抱きながら同時に、いつまでも答えがわからない問いを抱え続ける。だからこそ、「○○らしさとはこれである」とひと言でくくられることを嫌うのだと説明できる。そんな簡単に言い表せるわけがないだろうと。

例として、少し私事を述べる。

新卒で八年勤めた会社を辞める最終出社日、「お世話になりました」と挨拶《あいさつ》をすませて社屋を出たときに目の前に広がった夕刻の空が、とてつもなく高く見えて、背筋がゾッとした。このだだっ広い宇宙の中に、たった一人で出てきてしまったという、底知れぬ恐怖の投影だった。

背の立たない深さの海で足をばたつかせる子どものように、私は必死で足場を探った。当然家族の姿が脳裡《のうり》に浮かぶ。「大丈夫」。次に麻布に限らず頼りになる友人たちの顔が浮かんだ。「いざとなったらあいつらに頭を下げれば助けてくれるだろう」。それは大きな安心材料になった。

それから「あ、そっか。俺は麻布だった！」と思い出した。「だとすればいまの俺は水野泡三郎だ」とも。それだけで「よし、江原素六のように自分の信念に基づいて自由に生きよう」というかすかな勇気が湧いてきた。麻布を卒業してからそのときまで、自分が麻布であることなどほとんど忘れていたのに。

この本をここまで書いて、ようやくわかったことがある。あのとき感じたかすかな勇気は、「自分は答えを知っている」というような類《たぐ》いの感覚に基づくものではなく、「自分には向き合い続けるべき問いがある」という探究心に近い感覚に由来するものだったような気がするのだ。

いま思えば、知らぬ間に自分の中に棲み着いていたウイルスのようなものがあのとき初めて活性化したのだろう。あれが私にとっての麻布病発症の瞬間だったに違いない。以後、難しい判断をしなければならないとき、「江原素六ならどう判断するだろうか？」「麻布らしい選択はどちらか？」と考えてみるようになった。

麻布では一般的に世の学校が教えている以上のことは特に何も教えていないと私は思うのだが、もしあえて麻布について特筆すべきことを挙げるとすればそれは、言葉ではなくて強烈な実体験としてそれぞれの生徒の人生に痛いほどの問いを刻み込む、その刃《やいば》の鋭さだ（もちろん麻布だけではなく、いわゆる〝名門校〟と呼ばれるような学校は総じてこの傾向が強い）。刻み込まれた問いがまるで入れ墨《ずみ》のように消えない。

その問いをあえてことばにするならば、解き放たれた自分が何をするのか、自分がどこまでやれるのか、そのとき自分が何を感じるのかというようなものである。そのことは、九人のミニ伝記からも読み取れたのではないかと思う。

身体に刻み込まれたほとんど傷のようなその問いには、ただ真っ白な無限の解答欄が付いている。解答時間は、命ある限り。

世俗的な〝成功者〟になるだけでは解答できない。一度はちゃんと沈没して、言語すら形を成さない深みの中で自分と出会う経験をすることで、ようやく自分なりの答えを埋めていくことができるようになっている。何らかの解答らしきものを書き始められるようになるまで、たいていの場合、卒業してから少なくとも二〇～三〇年はかかる。

書き始めるのが遅くなったってかまわない。だって、得たものが大きければ大きいほど、その全体像をとらえるためには、自分自身がその全体像をとらえられるほどの視点に立てるまで成長しなければならないという逆説が成り立つから。

正解にたどりつく必要などないし、正解なんてない。埋めるだけ埋めたものがそのまま一枚の絵画のようにかけがえのない存在になる。何度も消しゴムで消した痕《あと》すら味になる。

カンニング上等。ときどきお互いの解答欄を見せ合う。そこにあるのは個性であって優劣なんてない。「なんだよそれ！」「それいいじゃん！」なんて言いながら、秘かに「自分ももっと頑張ろう」と力が湧いてくる。

＊＊＊＊＊

ひとはつい答えを求める。

ただし、答えがもたらす安心や幸せは一瞬だ。

でも問いは、生きる原動力になる。

だとすれば、学校や大人の役割は、子どもの人生に一生消えない問いを残すことではないだろうか。それなのにいま、学校も大人も、答えばかりを教えようとしていないか。

教育者・江原素六の声が聞こえる。

「青年即未来。そんなに心配しなさんな」

あとがきにかえて

仕事柄、麻布がどんな学校だったかを聞かれることがある。そんなとき、いつも話すことがある。K先生の思い出だ。

K先生は、私の学年の持ち上がりの、柔道の先生だった。ウガンダというタレントに似ていたため、私の学年では「ウガ」というあだ名がつけられていた。屈強な肉体といかつい顔つきとは裏腹に、いつもほがらかで、優しい先生だった。

中二のとき、私と同じサッカー部のY君が、ふざけて私の頭にチューイングガムを押し付けた。髪の毛に絡まり取れなくなり、ウガがはさみで髪を切ってくれた。翌日、私はY君の頭に、弁当に入っていたイチゴを乗せ、押し付けてつぶしてやった。Y君の額をイチゴの汁が伝う。Y君も納得したように笑った。

Y君と私は親友になった。しかし中三のとき、Y君はちょっと深刻な事件を起こしてしまう。

そのときに、どんなドラマがあったのかを知ったのは、二〇一〇年春、ウガの通夜の後だった。

焼香をすませた後、私たち一九九二年卒は、寺の近くの焼肉屋で食事した。ウガの死に、あまりに現実味が感じられず、普通の飲み会のようなムードで飲み交わした。場所を居酒屋に移し、続けて飲んだ。そのとき、いつもはやかましいY君が、ほろりと涙を流し、告白を始めた。


*****

あの事件が問題になったとき。両親が呼び出されて、面談をしたんだよ。俺はもう退学になる覚悟だった。のっけから、両親はただ、ご迷惑おかけしましたって、平謝り。うちの子が……申し訳ございません。これから厳しくしますので、どうか……。という感じ。

でも、そのときウガが言ったんだ。

「お父さん、お母さん。さきほどから、Y君のことばかりを責めますが、ちょっと待ってください。Y君がなぜこんなことをしてしまったのか、彼の気持ちを考えてみましたか?」

両親は最初、何を言われているのかまったく理解していない様子だった。でもだんだんとウガの意図することを理解して、言葉を失った。

「な、Y。お前はほんとはとってもいいやつだよな。俺はよくわかってる。だから、お父さん、お母さん。もうY君を責めるのはやめてください。そして私に任せてください。Y君なら絶対に大丈夫ですから」

ウガはそう言って、その面談を終えたんだ。

いまだから言えるけど、当時、俺は、親の期待通りの成績をとれないことに強い不安とストレスを抱えていたんだ。ウガはそれを見抜いていたんだ。

それからウガの更生プログラムが始まった。といっても、一週間に一回、決められた時間に体育教官室に来いと言うだけ。そこで何をされるのかと俺は身構えていたんだけど……。

「よし、これから毎日、腕立て伏せを一〇回やりなさい。それをこれに記録しなさい」

ウガはそう言って、俺にノートを渡しただけだった。

俺は言われたとおりに毎日一〇回腕立て伏せをして、それを記録して、また一週間後、体育教官室に行った。

「よし、今週は毎日二〇回！」

毎回回数が増えていくけど、それだけ。そしてそれが数カ月続いた。

数カ月後、いつものように体育教官室に行くと、ウガが「お、ちょっとたくましくなってきたんじゃないか」って笑うんだ。

俺はそれがうれしくて、うれしくて。それだけで、本当に自信がついた。

そしたら「もう、来週から来なくていいよ」って。「もう大丈夫だろ」って。

ウガのおかげで、俺は立ち直れたんだ。そうじゃなかったら、いまここにいないと思うよ。

＊＊＊＊＊

その場には卒業後も頻繁に顔を合わせる仲のいいやつらが、八人いた。当然野郎ばかり。でも、Y君の話を聞きながら、全員が、無言で、泣いていた。あのとき、そこまでのドラマがあったということを、Y君の親友を自称する私でも知らなかったけれど、ウガなら、そういうことをしただろうということには、誰もがうなずけた。ただし、ウガが特別だったわけではない。いま思えば、麻布の先生たちは私たちを本当におおらかな目で見守ってくれていた。

ウガの笑顔がもう見られないことはさみしかったし、悔しかったけれど、でもそれ以上に、みんな、感謝の気持ちに満たされていた。居酒屋の座敷席で、私たち野郎八人は、そのまま数分間、肩を震わせて泣いた。そして、恩師を思い、ともに涙を流せる仲間がいることが、私には誇らしくてしょうがなかった。

麻布らしいエピソードとして、私はいつも、このことを話す。そして、いつも涙をこらえられなくなる。いまも。

二〇二〇年九月　おおたとしまさ

参考文献

●麻布学園、江原素六関連
『青年と国家』(江原素六著、金港堂、明治36年)
『通俗講話　浮世の重荷』(江原素六著、磯部甲陽堂、大正4年)
『急がば廻れ』(江原素六著、東亜堂、大正7年)
『江原素六先生』(結城禮一郎編、三圭社出版部、大正15年)
『江原素六先生傳』(村田勤著、清水由松校閲、三省堂、昭和10年)
『自叙伝　予の受けたる境遇と感化』(江原素六先生顕彰会編、昭和53年)
『江原素六』(辻真澄著、駿河新書、昭和60年)
『江原素六先生伝』(江原先生伝記編纂委員編、大空社、1996年)
『江原素六の生涯』(加藤史朗著、麻布文庫、2003年)
『麻布中学と江原素六』(川又一英著、新潮新書、2003年)
『沼津兵学校　図説』(沼津市明治史料館編、平成21年)
『江原素六生誕百五十年記念誌』(沼津市明治史料館編、1992年)
『麻布学園の一〇〇年』(麻布学園百年史編纂委員会編、1995年)
『麻布学園20年の記録　1995−2014』(麻布学園・学園史資料室編集委員会編、2015年)
『歴史と視点』(司馬遼太郎著、新潮文庫、昭和55年)
『年月のあしおと(上、下)』(広津和郎著、講談社文芸文庫、1998年)
『剣客斎藤弥九郎伝』(木村紀八郎著、鳥影社、2001年)

●卒業生関連
『谷垣禎一の興味津々』(谷垣禎一著、かまくら春秋社、2014年)
『面従腹背』(前川喜平著、毎日新聞出版、2018年)
『ウォール街の「超」大富豪に学ぶ非常識なほどお金を稼ぐ人の法則』(湯浅卓著、PHP研究所、2004年)
『ウォール街が教えたくない日本大逆転のチャンス』(湯浅卓著、東洋経済新報社、2014年)
『制服少女たちの選択』(宮台真司著、講談社、1994年)
『制服少女たちの選択　After 10 Years』(宮台真司著、朝日文庫、2006年)
『14歳からの社会学』(宮台真司著、世界文化社、2008年)
『日本の難点』(宮台真司著、幻冬舎新書、2009年)
『私たちはどこから来て、どこへ行くのか』(宮台真司著、幻冬舎文庫、平成29年)
『社会という荒野を生きる』(宮台真司著、ベスト新書、2018年)
『1分で話せ』(伊藤羊一著、SBクリエイティブ、2018年)
『0秒で動け』(伊藤羊一著、SBクリエイティブ、2019年)
『やりたいことなんて、なくていい。』(伊藤羊一著、PHP研究所、2019年)
『なぜ、この人と話をすると楽になるのか』(吉田尚記著、太田出版、2015年)
『コミュ障は治らなくても大丈夫』(吉田尚記／水谷緑著、KADOKAWA、2016年)
『あなたの不安を解消する方法がここに書いてあります。』(吉田尚記著、河出書房新社、2020年)
『東大卒プロゲーマー』(ときど著、PHP新書、2014年)
『努力2・0』(ときど著、ダイヤモンド社、2019年)

※「付録二」は、「週刊新潮」二〇一七年九月二一日号掲載の記事に加筆修正したものです。「あとがきにかえて」は、「麻布学園ＰＴＡ会報２０１６」掲載の記事に加筆修正したものです。

おおたとしまさ

1973年、東京都生まれ。教育ジャーナリスト。麻布中学・高校卒業。東京外国語大学英米語学科中退、上智大学英語学科卒業。リクルートから独立後、育児・教育媒体の企画・編集に関わる。教育現場の丹念な取材・執筆に定評があり、講演・メディア出演なども多数。中学・高校の英語の教員免許、小学校英語指導者資格をもち、私立小学校での教員や、心理カウンセラーとしての経験もある。著書は60冊以上。

編集：赤木雅彦
濱田顕司

麻布という不治の病
めんどくさい超進学校

二〇二〇年一〇月六日　初版第一刷発行

著者　おおたとしまさ
発行人　鈴木崇司
発行所　株式会社小学館
〒一〇一－八〇〇一　東京都千代田区一ツ橋二ノ三ノ一
電話　編集：〇三－三二三〇－五九六一
販売：〇三－五二八一－三五五五

印刷・製本　中央精版印刷株式会社
写真提供　2020年1月4日京都新聞（谷垣氏）
沼津市明治史料館（江原氏）

 ISBN978-4-09-825383-8